KB080093

신 산업화를 위한 지평선:

기상,기후,델파이 설문을 중심으로

김준모

도서출판 지식나무

머리말

우리나라의 사회경제는 1960년대 이래로 급속한 산업화와 이에 수반된 변화를 겪어 왔다. 산업 구조도 크게 변화하였고, 새로운 산업군과 직업군이 등장하였다. 이러한 변화 속에서 주목할 점은 흔히들 언급해 온 산업 간의 새로운 융합과 변종이 등장할 가능성이 크다는 점이다. 제조업도 팹리스 형태의 지식 산업화 되고, 이러한 흐름은 제조업과 서비스업 간의 경계도 허무는 변화로 이어지게 되었다. 서비스업도 짓기 서비스업을 넘어서, 보다 부가가치가 큰 업종의 탄생을 기대케 되는 변화로 나아가고 있다.

이러한 변화들은 시장과 기술의 변화라는 거대한 흐름에 의해 주도되는데, 시장이라는 메카니즘의 특성상 "지불의사가 없거나 적은데, 신 산업의 등장에 영향을 줄 가능성이 있는 분야는 언제 어떻게 활성화될 것인가 아니면 공공이나 준 공공의 영역으로 남을 것인가 하는 지적인 호기심을 가지지 않을 수 없다. 이러한 대표적인 분야 중 하나가 기상과 기후 부문으로서, 이 분야가 사업화를 넘어 산업화되고, 이를 경제와 산업 고도화에 연계할 수 있을 것인가에 대하여 많은 이들이 관심을 가지고 있다.

이 책에서는 이러한 질문에 부분적으로 실마리를 찾기 위하여 기상 산업에 대한 나름대로의 접근을 시도하여 보았고, 제4장에서는 델파이 분석으로 불리는 전문가 예측형 설문의 예로서 기후 변화와 신 에너지 부문에 활용 가능한 예시를 제시하여 보았다. 필자가 본의 아니게 델파이 설문에 직간접적으로 참여하기 시작한 80년대 후반부터 이따금씩 델파이 분석에 참여한 경험에 근거하여 예시화를 제시해 보았고, 델파이 분석의 원 활용 예가 지진 화산 등 합리적 데이터로 판단이 제약되는 전문가 집단의 평균적 수렴치에 대한 파악인 점에서 향후에도 여러 분야에서 활용 예가 있을 것으로 판단된다. 아무쪼록 이 책의 내용들이 향후 관련된 정책과 실무 등 분야에 기여하기를 희망해 본다.

2023년 2월

저자

차 례

<표 목차>

<그림 목차>

제1장 서 론

1. 연구의 배경 및 목적

우리 사회와 경제는 지난 1960년대 이래로 비약적인 발전과 변화를 겪어왔다. 제조업에 이어 서비스업의 중요도가 점증해 왔고, 서비스어 안에서도 흔히 High Flyer로 불리는 고부가가치형 서비스업의 등장하고, 제조업과 서비스업 간의 경계도 약해지는 다양한 비즈니스 모델을 목도하고 있다. 제조업의 중요도가 상당 부분 유지 지속 되는 가운데, 세계 선진 경제권은 신 산업의 구도로 재편될 것으로 보이는데, 여기엔 지식 서비스 산업이 중핵이 될 것이다. 둘째, 기존의 제조업, 서비스업의 구도보다 세분화된 산업구조에 대한 이해가 필요하며, 셋째, 기존의 제조업, 서비스업, 지식 집약형 서비스업을 지원하는 새로운 유형의 협의의 지시 서비스업이 대두될 것인데, 여기에는 기상 재해에 대비하는 서비스가 해당될 것이다. 물론 이 새로운 부문의 뿌리는 이미 기존에 그 존재가 찾아질 수 있으나. 그 활용도와 경제적 파급 효과면에서 과거와 차별화되는 계기가 다가올 것으로 보인다. 이런 맥락 하에서 우리 사회가 지식 경제화가 되어 감에 따라, 기상이 주는 영향력은 다시 평가되고 있으나, 실제로 기상에 대한 가치를 경제적으로 표현하는 것에는 인색하여 기상 산업이 활성화되지 못하고 있다.

경제 고도화는 사회의 기상 수요에 대한 변화를 예견하는데, 이는 제조업뿐 아니라 고도 서비스 분야에서도 향후에 기상수요가 급증할 것을 의미하고 있다. 또한 과거에 고정된 "상수"로 또는 자연재해로만 이해되던 기상이 "돈"으로 이해되기 시작하여 민간기상 시장의 잠재 가능성을 확인하고 있다고 볼 수 있는 것이다.

기상산업이라 함은 기상청이 생산한 기상정보를 가공 또는 원시자료 형태로 보급 판매하는 기상예보업, 기상 측정 및 관련 장비기기의 생산업, 기상정보가 경제활동에 기여하도록 경영지원을 수행하는 컨설팅업, 그리고 금융자산 및 서비스를 활용하여 기상 및 재해관련 보험업무를 담당하는 금융보험업을 말한다. 기상컨설팅산업이라 함은 기상정보가 경제활동에 기여하도록 여러 산업체 및 농업부문에 경영지원 및 전략 수립에 관련된 서비스를 제공하는 업종을 지칭한다. 기상장비산업이라 함은 기상 측정 및 정보의 전달, 전파과정에 관련된 기기들을 생산, 유지보수하는 업종을 지칭하며, 기상금융산업이라 함은 금융자산 및 서비스를 활용하여 기상 및 재해 관련 보험업무를 담당하는 금융업을 말한다. 기상금융산업에 속한 회사들은 농작물 재해보험을 포함한 다양한 보험상품을 개발 판매하고, 선물거래에 참여할 수 있다.

신 산업의 영역은 비단 기상 산업 자체만을 의미하기보다는 기상 기후 재해 등의 서비스 관련 지식 집약적 서비스업을 지칭하는 것이 보다 타당할 것으로 보인다. 이들 업종은 이미 발아한 어떤 상태로부터 사회 경제적 수요에 의해 급성장할 것으로 보이며, 현재가지는 뚜렷한 경제적 가치를 상업적 의미에서 인정받기에 이르지는 못하였다고 볼 수 있다. 이 책에서는 이러한 신 산업군이 등장하기 위하여 필요한 선결 과제인 시장 수요에 대한 접근방법으로서의 델파이 설문을 제4장에서 제시하고 있다. 원래 1950년대 미국의 랜드 연구소에 의해 재해 등에 대한 점누가 설문으로 시작된 델파이 설문은 사실 방법론상의 활용을 다듬으면, 전문가 설문의 한 유형으로서 미래에 대한 청사진을 가늠해 보는 접근방법이 될 수 있다.

2. 연구의 범위 및 내용

본 연구에서는 제2장을 통하여 우리나라의 경제 사회적 변화를 살펴보고, 이어서 기상 산업의 구조적 현황을 살펴본다. 제3장에서는 기상산업을 위한 여러 정책들의 고찰해 보며, 제4장에서는 기상 기후, 그리고 재해 대비를 지원하는 지식형 서비스업에 긴요한 델파이 설문의 예를 살펴본다.

제2장 사회경제적 구조변화와 기상산업의 고찰

제1절 사회 경제적 변화와 구조

한국의 GDP규모는 2010년 기준 9,862억 달러(1,172,803십억)원으로 세계 15위에 해당하며, 2021년 기준 GDP는 1,810,966백만 달러(1조 8109억 달러), 2022년 기준의 경우 1,734,207백만 달러(1조 7342억 달러)로 세계 13 위를 나타내고 있다.[1] 이러한 거대한 변화는 한국을 세계에서 가장 역동적으로 산업화 한 국가 경제로 부각시켰고, 환율의 변동에 따라 부침은 있으되, 대부분의 기관들의 지표에서 세계 7-10위권의 국가 경제, 제조업 부문별로는 세계 1-3위권의 IT 부문 세계 1-2위의 조선, 세계 3-5위권내의 자동차 산업 등 굴지의 산업 생산력을 구비케 되었다.

1) 우리나라의 산업 비중의 변화

한편, 산업화를 거치면서, 1차 산업의 비중이 3% 전후로 점차 감소하고, 3차 산업은 1970년 51.2에서 2010년 66.66%로 증가하여 가장 큰 비중을 차지하며, 2차 산업은 1970년 17.79%에서 2010년 30.56%로 비중이 꾸준히 증가해 왔고, 1960년대 고도성장 이후 농업 등과 같은 1차 산업 비중이 급감하고, 제조

---

1) IMF통계(2010-2022) 한국은행 경제 통계 사이트 21년의 경우 10위권이었으며, 환율 등의 영향으로 변동됨.

업과 서비스업이 성장. 부문별로는 제조업의 경우 70년대 18%에서 80년대 31%까지 상승하였으나, 90년대 중반까지 감소하면서 탈공업화가 진전되는 듯하였으나, 외환위기 이후 점차 증가. 상대적으로 계속 높은 성장을 보이고 있다. 서비스 부문은 외환위기 이후 지속적으로 성장하는 모습을 보이고 있다.

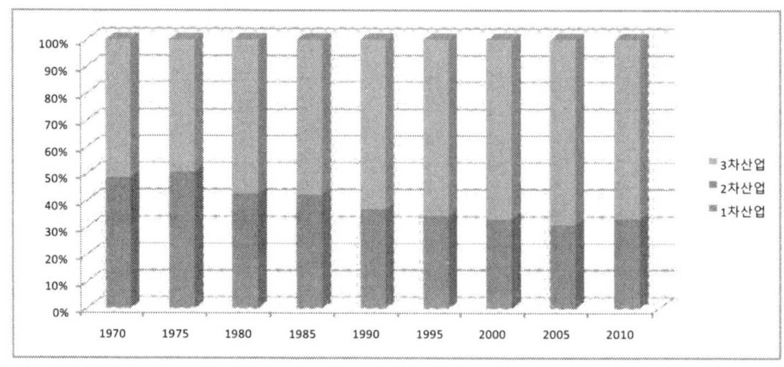

〈그림 1〉 우리나라의 1, 2, 3차 산업비중의 변화 (출처: 산업연구원 산업통계)

다음의 표는 2008년의 산업대분류별 종사자수를 나타낸 표이다.

〈표 1〉 2008년 산업대분류별 직업별 취업자수 (출처 : 한국은행 경제통계시스템)

산업분류		종사자수	종사자수 합계
1차 산업	농업	1,704,921	1,723,064
	광업	18,143	
2차 산업	음식료품	274,008	5,013,773
	섬유및가죽제품	324,231	
	목재및종이제품	101,767	
	인쇄및복제	76,368	
	석유및석탄제품	16,812	
	화학제품	368,243	

	비금속광물제품	105,173	
	제1차금속제품	132,886	
	금속제품	332,743	
	일반기계	378,435	
	전기및전자기기	586,002	
	정밀기기	84,470	
	수송장비	428,857	
	기타제조업제품	112,527	
	전력,가스및수도	69,577	
	건설	1,621,674	
3차 산업	도소매	2,999,876	12,470,488
	음식점및숙박	1,566,212	
	운수및보관	998,180	
	통신및방송	163,863	
	금융및보험	630,065	
	부동산및사업서비스	2,007,065	
	공공행정및국방	741,940	
	교육및보건	2,248,715	
	사회및기타서비스	1,114,572	
전 산업 합계		19,207,325	

2008년 산업대분류별 취업자 수를 기준으로 살펴보면, 각 산업의 비중은 1차 산업이 8.9%, 2차 산업이 26%, 3차 산업은 64%를 차지한다. 이에 비교하여 아래의 표는 2020년과 21년 기준의 1차 산업, 제조업, 서비스업의 종사자수 통계를 보여준다.[2]

2021년 기준 전 산업 종사자수는 2493만명 수준이며, 이중 제조업은 421만명 수준이고, 서비스업의 총계를 보면 1976만명 수준으로 서비스업 비중이 압도적인데, 통상적으로 과거부터 지칭해온 전형적인 선진국형 경제구조를 나타내고 있다. 특히 농업 등 1차 산업의 비중은 낮아진 것을 볼 수 있다.

2) 한국은행 경제통계 업종별 종사자수

〈표2〉 2020-2021년 주요 산업별 종사자 수[3)]

계정항목	2020	2021
전체 산업	24813449	24931600
농업, 임업 및 어업(01~03)	63990	66163
광업(05~08)	14941	14863
제조업(10~34)	4260429	4217537
전기, 가스, 증기 및 공기조절 공급업(35)	142433	156994
수도, 하수 및 폐기물 처리, 원료 재생업(36~39)	127635	133172
건설업(41~42)	2159187	1987478
도매 및 소매업(45~47)	3689068	3668167
운수 및 창고업(49~52)	1326727	1361418
숙박 및 음식점업(55~56)	2093205	2108073
정보통신업(58~63)	774130	831969
금융 및 보험업(64~66)	728687	741010
부동산업(68)	684981	702920
전문, 과학 및 기술 서비스업(70~73)	1365432	1404904
사업시설 관리, 사업 지원 및 임대 서비스업(74~76)	1316478	1300767
교육 서비스업(85)	1652891	1687025
보건업 및 사회복지 서비스업(86~87)	2249829	2357153
예술, 스포츠 및 여가관련 서비스업(90~91)	420849	421838
협회 및 단체, 수리 및 기타 개인 서비스업(94~96)	915735	903839
서비스업 총계	19647267	19766727

2) 한국 제조업의 변화

1970년대 이후 우리나라 제조업 내 성장주도산업은 [그림 2-11]에서 보는 바와 같이 섬유(1970~82년, 1985~86년), 자

3) 한국은행 경제 통계

동차(1987~95년, 단 1991년 제외), 반도체 및 전자부품(1996년 이후~2000년 초반), 정보통신업으로 변화해 왔다.

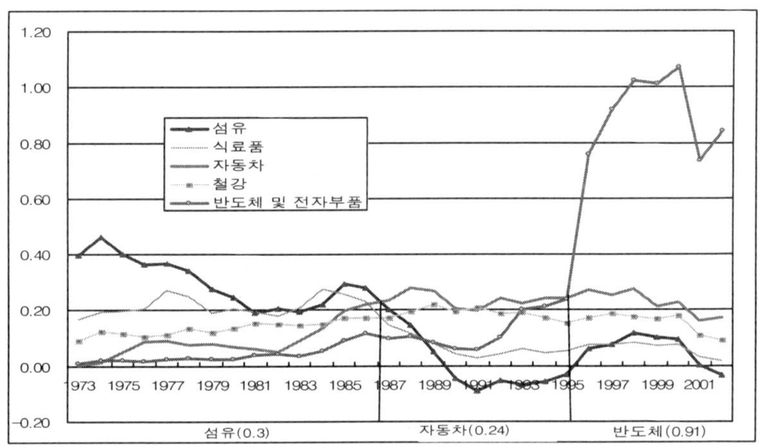

주 : 국민계정 77부문 기준 제조업 업종 중 각 년도의 성장기여도 1위 업종들로 ( )안의 수치는 기여도 1위 기간의 평균 성장기여도(%p)임.

* 성장기여도(%p)= 해당업종 성장률×기준년의 해당업종 비중(전 산업 대비) 성장기여율(%)= 해당업종 성장기여도/전 산업 성장률×100

[그림 2-2] (1970년~2001년 성장주도 업종의 변화추이

(출처 : 한국산업의 구조 변화와 경쟁력, 산업연구원(2005) p37 재인용)

[그림 2] 제조업의 국내시장규모 변화추이 (출처: 산업연구원 산업통계)

우리나라 제조업의 경쟁력이 지속적으로 강화되어 온 것은 우선 1인당 제조업 실질 부가가치 및 수출 등 우리 제조업의 역량이 지속적으로 확대되어 온 데 기인하며, 1990년대 이후 고용측면의 탈공업화 추세 속에서도 제조업의 부가가치 비중이 크게

하락하지 않았을 뿐만 아니라 특히 제조업의 부가가치 비중이 지속적으로 확대되어 왔다.

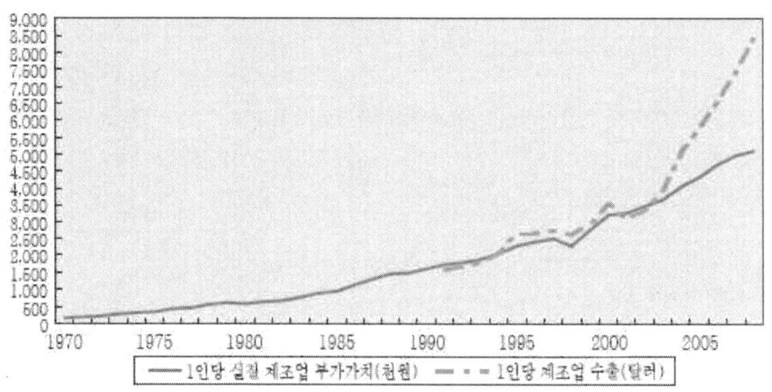

자료: 산업연구원

〈그림 3〉 1인당 제조업 부가가치

3) 한국 서비스 산업의 변화

우리나라의 경제가 제조업에서 점차 서비스업 중심 국가로 이동해 가면서 서비스산업의 중요성은 높아지고 있다. 서비스 산업이 우리 경제에서 차지하는 비중과 서비스산업의 고용 비중 또한 1990년 55%에서 2007년에는 67%로 확대되었고, 21년에 들어서는 79.2%로 증가되었다. 국내 지식서비스업의 시장규모도 빠르게 증가하는 추세이다.

<제조업 부가가치비중 및 제조업내 중·고기술 제조업 부가가치 비중>

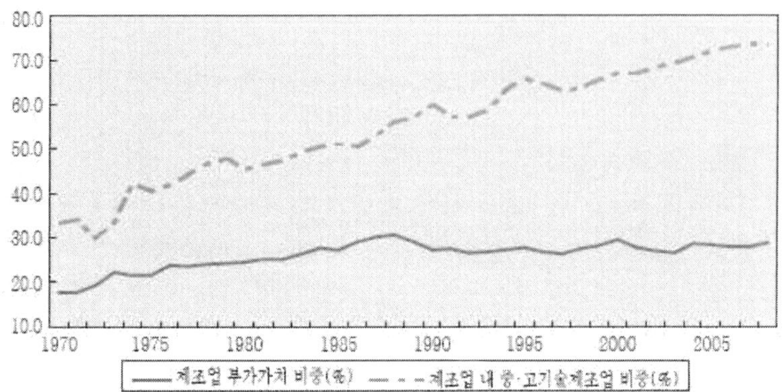

자료: 산업연구원

[그림 4] 1970년-2008년 제조업 부가가치 비중의 추이변화 (출처: 산업연구원)

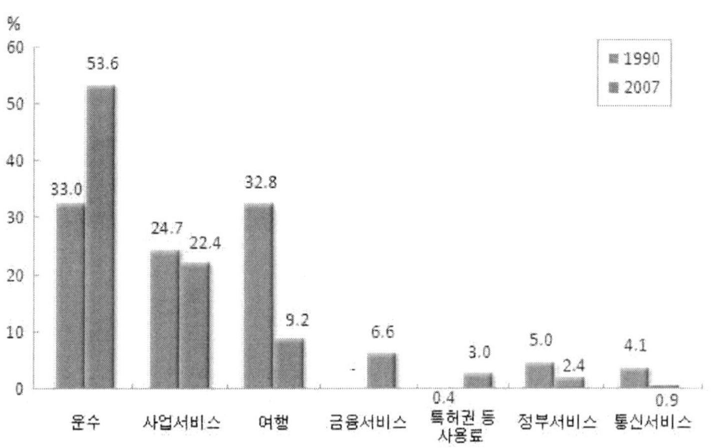

[그림 5] 1970년과 2007년의 서비스 산업 비중 비교 (한국은행)

〈표 3〉 제조업 대 서비스업 비중 2017-2021 (산업연구원산업 통계)[4]

산업연구원 산업통계 2023

항목	2017년	2018년	2019년	2020년	2021년
제조업 비중	29.46	29.12	27.54	27.14	27.92
서비스업 비중	59.97	60.88	62.5	62.43	62.47

〈표 4〉 기업 규모별 부가가치 구성

업종코드	기업규모	계정항목	2019	2020	2021
C 제조업	종합	영업잉여	18.21	18.37	28.16
C 제조업	종합	인건비	54.55	54.28	47.98
C 제조업	종합	금융비용	4.36	3.95	3.19
C 제조업	대기업	영업잉여	22.4	21.49	35.59
C 제조업	대기업	인건비	45.05	45.43	37.83
C 제조업	대기업	금융비용	3.71	3.43	2.5
C 제조업	중소기업	영업잉여	11.8	13.55	13.2
C 제조업	중소기업	인건비	69.11	67.95	68.43
C 제조업	중소기업	금융비용	5.35	4.77	4.59
서비스업	종합	영업잉여	12.11	9.93	17
서비스업	종합	인건비	63.76	65.27	60.34
서비스업	종합	금융비용	7.7	7.53	7.06

산업연구원 자료에 의하면, 21년 기준 경제 전체에서 제조업이 차지하는 비중은 27.9%, 서비스업이 차지하는 비중은 62.4% 수준이며, 종사자수와 비견되는 경제 구조를 이해하는 지표로 이

4) 한국은행경제통계시스템 10.국민계정(2015년 기준) 10.2.1.1 경제활동별 GDP 및 GNI(원계열, 명목, 분기및연간)에서 연간자료 다운로드 후 계산

해된다. 한편 기업 규모와 제조업 서비스업 구분을 고려한 부가가치의 구성은 위 표와 같은데, 서비스업의 인건비에 의한 부가가치 구성이 특히 높은 전형적인 특성을 보여준다.

이러한 산업 구조변화가 주는 시사점은 다음과 같다.

첫째, 제조업의 중요도가 상당 부분 유지 지속 되는 가운데, 세계 선진 경제권은 신 산업의 구도로 재편될 것으로 보이는데, 여기엔 지식 서비스 산업이 중핵이 될 것이다. 둘째, 기존의 제조업, 서비스업의 구도 보다 세분화된 산업 구조에 대한 이해가 필요하며, 셋째, 기존의 제조업, 서비스업, 지식 집약형 서비스업을 지원하는 새로운 유형의 협의의 지시 서비스업이 대두될 것인데, 여기에는 기상 재해에 대비하는 서비스가 해당될 것이다. 물론 이 새로운 부문의 뿌리는 이미 기존에 그 존재가 찾아질 수 있으나. 그 활용도와 경제적 파급 효과면에서 과거와 차별화되는 계기가 다가올 것으로 보인다. 이러한 맥락 가운데에서 그러한 예 중 하나인 기상 산업을 살펴 볼 수 있다.

제2절 기상 산업의 특성과 기상 정보의 효용성

1. 기상산업의 특징

기상 산업은 먼저 제조업 대비하여 지식 집약형 산업으로 정보의 유통에 중점을 둔다. 이때 관건은 정보의 가치의 문제인데. 전통적으로 경제학에서 말하는 '지불의사'의 문제에 당면한다.

즉 willingness to pay의 요건에 부합하지 않으면 기상 정보를 구입치 않게 되고, 구입치 않으면 시장이 미형성 되거나 저평가 되게 되어, 기상 정보의 가치가 적은 수준으로만 인정된다. 그러나 이 경우에도 그림자 형태로 기상 정보의 효용은 작동한다.

〈표 4〉 타 산업과 기상산업의 공통점과 차이점

구분	공통점	차이점
S/W 산업과 기상산업	•자본금 규모가 적은 영세사업자수가 많음 •지속적 성장을 위해 연구·개발 요구됨	•S/W산업은 국내·외적으로 시장규모가급속도로 성장하고 있는 반면, 국내의 기상시장의 규모는 미약함
전통제조업과 기상산업	•전통적으로 제조업은 산업파급효과가 큼. 기상산업 역시 기상정보가 기업매출액과 직결될 수 있다는 인식이 확산됨으로써 타 산업과의 연계가능성과 중요성이 날로 커짐. IT기술을 이용한 고기술 산업이 각광을 받고 있음. 기상산업 역시 IT기술을 필요로 하는 고기술 산업으로 연구·개발 필수	•
온라인산업 (전자상거래 포함)	•기업과 소비자간의 직접적인 유통라인요구됨(B2C 중요) •관련업계간의 통합마케팅과 공동마케팅요구 됨. •고객의 요구에 대응할 수 있는 다양한 contents 개발 필요.	•기상업체의 경우 유통라인이 아직까지 구축되어 있지 못함. •기상업체의 경우 요금체계가 정립되지 못함. •기상정보의 경제적 가치에 대한 인식이 낮음

2. 제조업과 서비스업 업체들의 기상 정보에 대한 효용성

1) 제조업 분야

① 의류업체 1

의류업체들은 그 특성상 날씨가 추워질수록 매출이 증대한다. 겨울의 날씨가 춥다고 예보가 있거나 혹은 갑작스런 한파가 올 경우 내복과 같은 보온성 있는 속옷의 매출이 급격히 오른다. 생산에 있어서는 재질에 따른 차이가 있고 여름이 무덥다고 예보 될 경우에는 땀 배출이 잘 이루어지는 소재를 중심으로 만들며, 마 소재로 된 제품도 만든다.

그러나 날씨에 민감하게 반응하는 부분은 아무래도 생산보다 판매부문이다. 여름의 경우 메리야스 같은 것을 안 입으려는 성향이 강하기 때문에 아무래도 날씨가 더워질수록 판매가 좋지는 않게 되는 것이다. 그래서 여름을 공략한 여러 상품을 개발하고 땀 배출과 흡수가 잘되는 옷을 만들고 있으며, 특히 여성의류 경우 땀 흡수를 잘하며 통풍이 잘되는 소재로 만드는 것이 무엇보다도 중요하다. 특히 여름의 매출을 상승시키니 위해서는 패션에 맞는 디자인과 색깔 선택도 매우 중요한 사항이다.

겨울에는 여름에 비해 매출이 증가하는데 아무래도 날씨가 추울수록 내복이나 내부에 속옷을 잘 갖춰 입기 때문이다. 따라서 겨울에는 보온성을 갖춘 각종 속옷들을 많이 출시하고 보온성을 강화시키려 노력한다.

비가 많이 오거나 태풍과 같은 기상이변이 있는 날에는 사람들의 외출이 감소하는 만큼 속옷의 매출이 감소한다. 또한 장마가 지속되거나 폭설이 지속되는 경우 사람들이 집 안에만 있기 때문에 아무래도 매출이 감소한다. 그에 반해 날씨가 화창하거나 맑을 때는 매출이 상승하며, 위에서 언급했듯이 추위예보가 미리 있을 경우 매출이 일시적으로 급상승한다고 한다. 기온은 생산보다 판매에 미치는 영향이 크며 추위예보가 미치는 영향이 크다.

속옷 외의, 겉옷의 경우에도 날씨는 판매에 많은 영향을 미친다. 옷이라는 것은 유행에 가장 민감하게 반응하는 것이기 때문에 그해의 트렌드르 분석하고 다자인을 뽑는다. 옷의 소재의 경우에도 여름에는 시원하게 겨울에는 따뜻하게라는 기본 원칙하에 각 연도에 유행하는 소재를 사용해서 만든다. 예컨대 겨울에는 알파카 소재가 유행하기 때문에 알파카 소재의 코트가 유행하는데 이는 기온보다 유행에 더 고려 한 것이라 한다. 옷의 경우 소모품이 아니라 장기적으로 보관하는 것이기 때문에 기후에 절대적인 영향을 받는 것은 아니다. 따라서 갑작스런 기상이변(태풍이나 폭우)으로 판매가 급증하거나 감소하지는 않는다.(예를 들어, 태풍이 온다고 해서 그에 대비하려고 사람들이 바로 옷을 구입하지 않는다.) 다만 날씨가 갑작스레 추워지거나 급격히 더워지는 등 예측하지 못한 변동의 경우에 있어서는 판매가 잠시 상승 한다.

결론적으로 옷의 매출에 기온은 영향을 주지만 이것은 절대적인 것은 아니다. 사람들이 날씨가 추워지고 더워짐에 따라 옷을 구매하기도 하지만 유행을 따라가기 위해 옷을 구매하는 경우가 더 많기 때문에 기온의 영향이 절대적이거나 지배적이지는 않다.

② 빙과업체 1

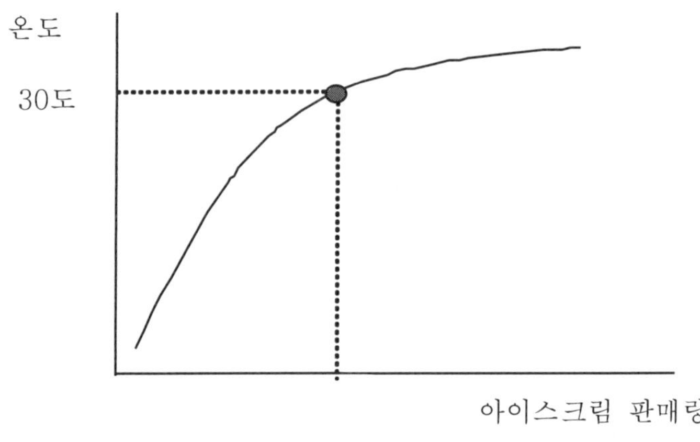

〈그림 6〉온도와 아이스크림 판매량

위의 그래프와 같이 아이스크림의 판매량은 기온이 30도는 넘어서며 감소한다. 기온이 30도 이상 올라가는 경우, 아이스크림보다 음료의 매출이 높게 나타나기 때문에 여름에 무더위가 지속된다면 아이스크림 판매에는 좋지 않은 영향이 미친다.

기온에 따라서 아이스크림의 판매에 영향을 받는다. 하지만 기획단계에 있어서 미리 올해의 기온을 예측해 판매량과 아이스크림의 종류를 결정하는 것이 아니다. 우선적으로 작년과 비슷하게 상품을 출시하고 기온변화와 강수량에 따라서 단기적으로 판매의 종류나 개수를 수정한다. 예컨대 올해의 경우 작년과 비교해 장마기간이 여름에 비가 자주 내렸고 기온도 높아서 판매량이 작년에 비해 15%로 감소했다. 그리고 올해 30도가 넘는 무더위가 지속되었기 때문에 수분이나 얼음이 많이 향양된 아이스크림의 출하량을 늘렸고 실제로도 얼음으로 된 제품이 많이 팔렸다고 한다. 그리고 강수량도 아이스크림 판매에 많은 영향을 미친다. 소나기와 달리 장마 같은 비가 계속되는 경우에는 아이스크림의 판매가 줄어들고 음료수의 판매가 증가한다.

기온과 강수량이 아이스크림 판매에 영향을 미치기 때문에 여름과 겨울에 출시 제품을 다르게 구성한다. 여름의 경우 덥고 습하기 때문에 수분이 많이 함유된 아이스크림을 판매하고 겨울의 경우 부드러운 유제품이 많이 함유된 아이스크림(ex-컵, 스위트 홈, 콘 등) 을 주력상품으로 판매한다. 겨울의 경우 기온이 낮아져도 전년대비 판매량과 비교하여 성장률을 측정하기 때문에 기온이 떨어지지 않는 한 판매량에 큰 차이가 없다고 한다. 그리고 온난화 등으로 인해 겨울에 따뜻한 날이 많을수록 아이스크림 판매량이 소폭으로나마 증가한다고 한다.

따라서 미리 기온을 예측해서 판매량을 조절하기 보다는 월이나 년마다 판매량을 측정하고 그것을 기준으로 전년대비를 비교하여 성장률을 표시한다. 기획단계에서는 기온이 많은 영향을 미치지는 않지만 실제 판매에서는 기온이 세부적인 영향을 미친다. 그렇지만 기상청의 공식적인 자료를 통해 판매량의 통계에 미친 기온의 영향을 분석하기 보다는, 자신들 기업의 실질적인 판매 수치를 통해 기온이 미친 영향을 분석한다. 기상청 자료가 공신력이 있을지 모르겠지만 기업의 입장에서는 현실적으로 수치화 되어는 자신들의 판매량에 더 의존하며 사업계획이나 영업 부분에 있어서는 기상청의 자료를 이용하기도 한다.

③ 반도체

메모리 반도체를 포함하여 최신형 반도체는 회로선폭이 0나노미터 급 공정으로 제품을 만들고 있다. 이 같은 작업을 하는 반도체 공장인 만큼 최적의 환경을 유지하는 것이 매우 중요하다. 공기 안에 떠다니는 먼지 한 톨 때문에 불량품이 나올 수 있기 때문이다. 반도체 공장의 클린룸은 보통 '클래스 1'을 유지하는데, '클래스1' 이란 가로·세로·높이가 각각 30㎝인 공간에 머리카락 굵기의 100분의 1 크기인 먼지 한 톨이 존재하는 상태를 말한다. 이는 포항제철소 700배 넓이에 100원짜리 동전 하나가 떨어져 있는 정도라고 말할 수 있다.

때문에 반도체 기업들은 최대한의 청정도를 유지하기 위해 24시간 철저하게 운영되는 완벽한 공조장치를 갖추고 있다. 반도체를 다루는 기업이다 보니 기상이변이나 기후 변화 등으로 인한 피해는 거의 발생하지 않으나 봄철에 오는 황사가 가끔 문제시 될 때가 있다. 위에서 언급했던 것과 같이 먼지가 반도체 미치는 영향은 매우 크다. 작은 먼지 한 톨이 불량품생산으로 이어지기 때문에 봄철이면 각별한 주의가 요해지게 된다. 하지만 반도체 공장에는 고단위의 공조장치가 되어있기 때문에 사실 황사가 온다고 해도 큰 영향을 미치지는 못하지만, 그럼에도 불구하고 반도체 업계는 황사가 불어올 때 아래와 같은 추가조치를 실시하고 있다.

○ 봄철 가을철에는 지속적인 황사 예보를 통해 직원들에게 황사 발생 여부를 환기시킨다.

○ 일단 황사가 발생하면, 출입문에 경고메시지를 부착해 직원들로 하여금 주지시킨다.

○ 이와 함께 현관문 통제를 하여, 평소 사용하던 수동문 대신, 자동문을 가동시켜 먼지 침투를 최소화 한다.

○ 세면과 안경 세정 후 클린룸에 들어가며, 에어샤워 설정 시간을 2~3배로 강화한다.

④ 자동차

자동차는 2만개 이상의 부품으로 이루어 져있으며 하나의 부품이라도 결함이 생기며 위험에 노출되고 기상이변으로 인한 사고에도 많이 노출되어있다. 그래서 자동차가 출시되기 이전 각종의 기상테스트를 거치게 된다. 눈, 태풍 ,폭우, 무더위 등 의 여러 기상 조건에서의 엔진이나 연료탱크 그 외의 문제는 발생하지 않는지 살펴보며 해외(미국, 유럽, 호주 등 각 지역의 여려 기상조건에서 자동차 테스트를 함)로 테스트를 나가는 경우도 많다. 폭설이 자주내리는 강원도 지방에서 테스트를 많이 실시하며 눈에 미끄러지지 않게 타이어에 미끄럼 방지를 하는 것도 매우 중요하다. 자동차의 경우 기온에 직접 노출되어서 일어나는 사고도 낳기 때문에 모든 기상조건에서 테스트가 시행된다. 그리고 테스트에서 발견된 문제점을 보완하고 시스템을 개발하며 안전

사고를 막기 위해 노력한다.

자동차시장이 해외로 개방됨에 따라서 각국의 기온에 따라 자동차의 조립이 달라졌다. 4계절 내내 더운 지역에는 히터를 달지 않고 추운지역에는 에어컨을 장착하지 않는 등의 기온에 따른 자동차 조립의 차이가 나타난다. 또한 각국의 민족별 기온 특성별로 보증기간이나 A/S의 기간도 다르게 나타나는데, 예를 들면 중국의 경우 황사가 매우 문제시되기 때문에 황사 먼지가 엔진이나 자동차 내부에 영향을 미치는 경우가 종종 발생하기 때문에 보증기간이 다른 나라와 다르게 설정되어 있다.

연료설계에 있어서 가솔린은 기온에 매우 민감히 반응을 한다. 따라서 밀폐된 탱크 안의 온도가 높아지면 가스가 많아져 이상이 생기게 되고 그에 따라 문제가 발생할 수 있다. 따라서 온도별로 테스트를 시행하여서 안전사고를 막는 방안이 개발된다. 그리고 날씨가 너무 춥게 되면 시동성에 문제가 오기 때문에 각 온도별로 연료탱크 및 엔진의 확인하는 것이 가장 중요하다.

기온은 자동차를 만드는 작업환경에도 영향을 미친다. 날씨가 좋지 않을 경우 불량률이 높아질 수 있고 기온이 안 좋은 날에는 아무래도 부품이 제때에 도착하지 못 하는 경우도 종종 발생해 작업의 지연을 초래한다. 또한 일조시간이 조립과정에 매우 중요하다. 일조시간이 짧아지면 하청업체로부터 물자가 들어오는데 제약이 발생할 수도 있고 해외파트에서 들어오는 물품의 경우 밤에 들어오는 것보다 낮에 들어오는 것이 일의 효율성이나 빛을 낭비하지 않는 측면에서 좋다. 또한 판매에 있어서도 낮에 판매가 많이 이루어지기 때문에 일조시간이 긴 날이 여러 모로 유리한 조건이다.

비가 오거나 태풍이 불 경우 자동차의 조립 배송에 있어 추가적인 비용이 발생한다. 조립을 위한 부품이나 완성된 자동차를 배송하는 경우 커버를 씌운다든지 배송시간이 지연된다든가 하는 문제가 발생한다. 또한 프레스를 찍어서 보관하려 할 때 비가 와서 습하거나 날씨가 좋지 않은 경우에, 조립당시는 괜찮지만 장기적으로 부식이 빨리 일어나기도 한다.

결론적으로 자동차에 생산에 있어서 기상은 매우 큰 영향을 미치며, 기상과 관련해 자동차의 사고가 많이 나는 만큼 모든 기상조건에서 테스트를 거쳐 자동차의 안정성을 확보하는 것이 무엇보다 중요하다, 또한 해외로의 자동차 수출의 경우 그 나라의 민족성 사회적 특성과 더불어 그 나라의 기상 조건을 가장 크게 고려해야 한다.

⑤ 시멘트

시멘트 업체가 납품하는 곳의 60~70%가 레미콘 기업이고 나머지는 도로공사나 건설업체에 납품을 한다. 레미콘뿐만 아니라 다른 업종에서도 시멘트가 굳어야 하는데 시멘트의 경우 비가 오거나 습기가 찬 날 혹은 날씨가 너무 더운 날에는 잘 굳지 않아 지장이 생긴다. 따라서 계절적인 영향으로 인해 비수기(장마기간)와 성수기로 나누어 판매 전략을 구성한다고 한다.

성수기의 경우에는 판매에 있어 기후가 미치는 영향은 적다고 할 수 있다. 이때에는 오히려 업계에서 작업 진행률(건설업계의 경우에는 공사를 성수기 즉 봄과 가을철에 많이 진행하려 한다.)을 높게 잡기 때문에 시멘트 판매가 많이 이루어진다.

그러나 비수기의 경우 예측한 것 보다 장마 기간이 길어지거나 태풍의 빈도가 잦을 경우 문제가 된다. 비수기의 경우 연별 평균 장마 일수를 예측해 판매량은 낮게 잡는다. 연간 비가 오는 일수가 거의 비슷하기 때문에 전년대비 판매량의 차이는 크게 나지 않는다. 그러기 때문에 크게 손해를 보지 않으나, 그렇다고 해서 플러스적 요인으로 작용하지 않는다. 여름철의 경우에는 장마뿐만 아니라 날씨가 덥고 습도가 높기 때문에 건설업체나 레미콘 업계에서도 작업 진행률을 낮게 잡기 때문에 판매량을 적게 잡지 않으면 손실이 매우 커지게 되며, 예상한 날보다 장마기간이 길어지는 경우 단기적으로 판매 손실이 발생한다.

또한 너무 온도가 높은 날이나 온도가 낮은 날에는 레미콘 공정 시 문제가 발생하기 때문에 사업 발주를 미루거나 사업을 중단하는 경우가 종종 발생하기 때문에 예상치 못하게 판매가 중단될 수 있으므로 이러한 경우에도 예상한 판매량보다 낮은 판매량으로 단기적인 손실을 가져올 수 있다. 그러나 전체적인 연간 판매량의 경우 비성수기의 판매로 인한 피해가 크게 나타나지 않는다. 왜냐하면 공사나 레미콘의 일들이 비가 온다고 사라지는 것이 아니라 단지 지연 되는 것일 뿐이기 때문이다. 꼭 필요한 공사인 경우 비가 그치고 날씨가 좋아지면 다시 재개되기 때문에 밀렸던 판매들이 다시 이루어지고 그 월간의 판매는 손실인 것처럼 보이지만 결국은 판매가 되기 때문에 결과적으로는 크게 손실이 되지 않는다.

그리고 장기적으로 연간 사업계획을 수립할 경우 연간 강수량이나 장마기간 겨울의 기간 등의 기상정보를 고려하여 계절별 판매량을 정하지만 절대적으로 기온이 영향을 미치는 것은 아니다. 장마기간이나 비가 오는 날수는 해마다 거의 비슷하기 때문에 오히려 건설경기를 더욱 신경 써 판매량을 조정한다. 그리고 단기적으로 매일매일 주문을 받아 판매가 이루어지기 때문에 태풍이나 비가 오는 경우 그날그날 판매량을 조정한다. 따라서 잘못된 기상정보로 피해는 발생하지 않는 다고 한다. 즉, 내일 태풍이 온다고 해서 판매를 중단했는데 오늘저녁 태풍이 소멸되어 중단된 판매만큼의 손실이 잃어나는 것이 아니라 그날그날의 주문에 맞춰 판매하기 때문에 단기적으로 미리 예측된 기상정보에 영향을 많이 받지 않는다.

하지만 예상치 못 하게 폭우가 쏟아져 침수가 되거나 강력한 태풍으로 공사장이 침수 된 경우 시멘트 판매가 중단 되는 사례는 종종 있다. 침수가 된 경우 그 침수된 시설물이 복구될 때까지 출하가 중단됨으로 손실이 발생한다. 그리고 시멘트는 고온의 고로를 통해 석회석이나 원자재들을 용융해서 킬링 작업을 하는 공정을 거치는데, 그러한 공정을 다루는 기계들이 침수해 피해를 본 경우 기계를 복구하고 공정을 하기 위해 열을 올리는 작업등으로 시멘트 판매의 중단기간이 길어지게 된다. 이러한 예상치 못한 기상이변으로 인해 피해가 발생할 가능성은 있다.

2) 서비스 산업 분야

① 항공운수업

항공사는 기상에 따라 비행기 운행 여건이 달라진다. 각 기상환경에 따라 항공운영에 미치는 영향은 다음과 같다.

가. 바람

○ 바람에 따른 기준규정이 있으며, 기준규정에서 벗어나 심하게 불면 항공기 운영을 할 수 없다.

○ 특히 제주도에서 바람이 심해서 결항 발생빈도가 높다. (제주도는 저고도 바람이 많기 때문에 급격히 바람의 방향, 속도가 바뀐다.)

나. 온도

○ 온도가 높으면 공기 중 밀도가 낮아짐 따라서 항공기 기능이 저하한다. 따라서 같은 거리라도 연료 소모량이 많아지므로 온도에 민감하다.

다. 강수량

○ 강수량에 따라 활주로의 상태가 저하되어 항공기 운항이 지연될 수 있다.

라. 뇌전

○ 뇌전은 되도록 피해가야 한다.

마. 안개

○ 안개는 가시거리 확보를 위해 매우 중요하다. 공항마다 이·착륙 미니멈 기상수치가 있으며, 정도에 따라 항공기 지연 또는 결항 발생할 수 있다.

바. 눈

○ 기체에 눈이 쌓이면 얼음 제거를 위해 항공기의 지연 발생할 수 있으며, 활주로에 쌓인 눈을 제거하기 위한 지연 상황도 일어난다.

○ 눈에 대비하여 추운지방으로 항공기 운행을 할 때에는 방빙 용액을 항공기에 뿌리고 운영하며, 항공기 자체에 열선을 이용해 눈을 제거한다.

사. 황사

○ 크게 문제가 되지는 않으나 미세먼지 때문에 기체적인 문제가 발생 가능하다.

② 건설업

건설업에서 실시하는 건설종류에는 건축공사, 토목공사. 해양토목공사 등이 있다. 각 공사에 대하여 기상이 미치는 영향은 다음과 같다.

가. 건축공사

○ 기초공사를 할 때에는 지하터파기 공사 시 기후변화에 영

향을 받는다. 장마철(우기) 혹은 태풍 시 공사기간 2~3개월 지연되며, 공사지역이 침수되면 펌프를 이용하여 빗물을 제거하는 등 추가 작업이 따르게 된다.

○ 본 공사 시 철골, 건축물이 올라갔을 때는 건물 내부공사이므로 기후 영향 거의 받지 않으나, 태풍이 있을 경우 외관 마감공사가 어려워지게 된다.

나. 토목공사 (도로 및 철도 공사)

○ 눈, 장마, 태풍에 의해 도로 및 철도 공사현장이 침수되면 2~3개월 정도 지연될 수 있다.

다. 해양토목공사(댐, 발전설비, 다리공사)

○ 눈, 장마, 태풍에 의해 공사 지연될 수 있다.

이처럼 기후에 따라 건설공사 지연이 있을 경우 그에 따른 금융비용 손실 발생하므로, 원가 경쟁력을 위해서는 공사기간 단축을 최우선으로 하며, 월별, 주간, 전년대비 기후 예측을 항상 주의 깊게 살펴보게 된다.

③ 출판 인쇄업

출판사업체는 인쇄 시에 습도에 가장 큰 영향을 받는다. 특히 장마철엔 습도가 높아지므로 습도를 제거하기 위해 냉, 난방 기계를 이용해 습도를 조절한다. 또한 출판물 배송 시 비가 오거나 눈이 올 때 배송이 지연되기도 하므로 기상예보에 민감하게 된다. 실례로 행사시간에 맞추어 배송하다가 소나기가 갑자기 오는 바람에 2분 만에 모든 인쇄물을 회수하여 다시 인쇄하는 경우도 있었다.

또한 황사시기엔 미세먼지 때문에 기계에 먼지가 들어가 기계 고장 유발요인이 되기도 한다.

3) 고 부가가치 서비스업 분야 – 생명보험, 리조트

① 생명보험업

손해보험의 경우 날씨 관련 자료를 TV나 신문 등과 같은 매스컴을 통하여 확보하고 있다.

겨울의 경우에는 눈이 큰 영향을 미친다고 할 수 있는데, 계약자의 차량시동문제나 사고 발생률이 높아져서 긴급 출동하는 경우가 많으며 보험금 지급 또한 많아진다. 또한 겨울철에는 낮은 기온과 적은 강수량, 건조한 기후 등으로 인하여 화재보험의 가입률이 높으며, 대설로 인한 빙판길 사고 등에 대비한 상해보험의 가입이 많은 편이다.

여름의 경우는 집중호우가 큰 영향을 미친다고 할 수 있는데, 장마철에 발생하는 홍수로 인하여 사고율이 높아지게 되고 이에 따른 보험금 지급이 발생하게 된다. 불쾌지수가 높은 경우에는 습하고 더운 날씨에 짜증이 증가하게 되고 심리적으로 안정감이 낮아지기 때문에 사고 발생률이 높아진다. 또한 여름철에는 물놀이 사고에 대한 상해보험의 가입이 많은 편이다.

운전자보험의 경우 여름철과 겨울철 가입률이 모두 높은 편이나, 특히 겨울철에 자동차보험의 가입이 더 많다.

기상정보 중 기온의 경우에는 기온이 낮아지거나 높아지게 되면 실내에 주로 있게 되며 활동량이 줄어들기 때문에 전화를 통한 영업활동을 많이 하게 된다. 태풍과 안개도 중요한 영향을 미친다. 날씨와 계약보험의 해지와는 상관관계가 적다. 눈이 온 다음 날은 아침에는 출근길을 대비하기 위하여 전화가 많이 걸려오고, 저녁에는 빙판길 관련사고 때문에 전화가 많이 걸려오기 때문에 출근을 빨리하고 퇴근을 늦게 하여 업무시간을 늘리고 있다.

겨울철에는 공장과 같은 큰 건물, 기업에서 건조한 날씨로 인한 화재에 대비하기 위하여 보험에 드는 경우가 많고 이로 인해 고액권의 보험가입이 많은 편이다. 일상적인 좋은 기후의 경우에는 영업사원의 입장에서는 영업활동이 편하고 약속을 잡기도 수월하다. 비가 오는 날의 경우에는 방문 영업 활동 시 고객들이 환영하는 경향이 강하며, 많은 대화를 나눌 수 있는 환경이 주어지게 된다. 기상청 정보에 대한 부가적 요구사항에는 지진, 태풍과 같은 긴급 상황에 대하여 좀 더 시급하고 정확한 정보의 제공해 달라는 것과 급작스런 날씨변화에 대한 시간단위별 기상정보 제공을 바란다는 것 등이 있었다.

② 리조트업

리조트의 경우 기온이 높아질수록 개장 시기가 늦춰진다. 겨울철 온도 변화에 따라 시즌 운영 기간이 유동적으로 변한다.

겨울철 리조트의 운영은 습도와 기온이 가장 크게 영향을 미치는데, 이러한 이유는 인공눈을 만들고 유지하기 위한 적합한 환경을 위해서이다. 또한 겨울철이 길어질수록 리조트 운영기간이 길어지고 단순하게는 그에 따라 이익이 증대될 수도 있다고 보며,

또한 대체적으로 운영기간은 방학과 겹친다.

일반적으로 리조트의 경우 눈이 많이 오면 좋은 영향을 미친다고 생각하지만 이와는 달리 눈이 많이 올 경우 리조트로 오는 길이 눈으로 인해서 막히게 되고 교통상황이 안 좋아지게 된다. 그렇게 되면 리조트 이용자들의 불편이 가중되어서 리조트 방문·이용자는 감소하게 된다. 그러나 만약에 다른 리조트 지역에 눈이 많이 오게 되면 그 곳을 이용하기 보다는 눈이 오지 않은 해당 리조트를 이용하기 때문에 많은 강설량이 리조트에 미치는 영향은 경우에 따라 다양한 측면을 보인다고 할 수 있다. 또한 갑작스러운 폭설의 경우 리조트 이용자들에게 스노우타이어나 체인과 같은 장비를 대여하기 위한 준비를 하기도 한다.

태풍과 강한 풍향·풍속에 영향을 받는데, 이로 인해 곤돌라나 각종 시설의 피해가 발생 할 수 있기 때문이다. 특히 곤돌라의 경우 바람의 영향을 크게 받게 되는데, 풍속·풍향이 강할 시에는 곤돌라 운영에 상당한 지장을 주어서 운영을 중단하기도 한다.

안개가 발생할 시에는 리조트 운영을 부분적으로 통제하고 곤돌라와 각종 시설에 있어서 피해가 발생할 수 있을 때에는 사용에 제한을 둔다.

여름의 경우에는 리조트 오픈시기를 회사 휴가철에 맞추어서 하고, 이러한 휴가철이 온도와 장마철과 관련이 크다고 본다. 그러나 여름철의 경우 기온이 높다고 하여서 이용자가 늘어나는 것이 아니기 때문에 겨울에 비하여 기상과 관련된 직접적 상관관계가 있다고 말할 수는 없다.

날씨와 이용자의 상관관계에 있어서는 아무래도 리조트의 경우라 추운 날씨에 가장 큰 영향을 받게 된다. 계절에 따른 관련 기상정보는 여름철에는 강수량이, 겨울철에는 온도기와 습도가 가장 큰 영향을 미친다.

리조트의 경우에는 기상정보에 대한 자료를 자체적으로 확보하고 있으며, 기상청 정보에 대한 부가적 요구사항에는 리조트의 경우 강원도 지역에 해당하는데, 기상청이 제공하는 것 보다 좀 더 세부적인 지역별 기상정보가 필요하다는 점이다. 또한 좀 더 세부적인 시간단위별 일기예보가 제공되었으면 한다는 것이었다.

제3절 기존의 기상 산업 정책의 현황 분석

1. 기상산업의 성장과 가능성과 한계: 기상 산업 분야에 대한 SWOT 분석의 틀

지식정보사회는 다양한 형태의 정보를 요구하고 있고, 그야말로 지식 내지 정보가 사회를 유지시키는 기반이 되는 사회이다. 기상정보의 경우도 예외가 아니다. 국민들은 기상정보의 중요성을 인식하고 있으며, 이의 중요성을 적극적으로 인식하고 있는 것이다(봉종헌, 1997).

기상정보에 대한 욕구도 있고, 기상정보의 중요성을 인식하고 있음에도 불구하고 현재 기상정보의 활용도가 높은 것은 아니다. 우리나라는 지난 20여년 간 기상장비현대화사업 추진과 더불어 수치예측기술 등 선진기술의 전수, 기상용 슈퍼컴퓨터 도입, 기상 위성 도입과 활용 등을 통하여 기상기술력을 크게 신장시켜왔다. 그러나 그간의 외형적인 성장과 발전에도 불구하고 집중호우 등 악기상 현상에 대한 예보능력은 개선의 여지를 남기고 있으며, 수요와 공급측면에서 볼 때 아직은 기상정보의 수요 발굴이 부족하며, 동시에 기상정보의 공급도 제때 이루어지고 있지 않는 측면도 있다. 이러한 점에서 기상정보에 대한 수요창출과 공급확대가 필요한 면이 있다.

1) SWOT 분석의 정의와 전략적 특징

(1) SWOT 분석의 정의

SWOT 분석은 외부환경의 기회요인(O)과 위협요인(T)을 파악하고 기업내부의 강점(S)과 약점(W)을 분석한 후 전략적 대안을 도출하는 분석방법이다. SWOT 분석을 통해 기업의 강점을 최대한 활용하면서 새로운 사업기회를 포착하고 기업의 약점을 최소화하면서 위협요인에 대처하는 전략을 다각적으로 모색할 수 있다. 이때 사용되는 4요소를 강점·약점·기회·위협(SWOT)이라고 하는데, 강점은 경쟁기업과 비교하여 소비자로부터 강점으로 인식되는 것은 무엇인지, 약점은 경쟁기업과 비교하여 소비자로부터 약점으로 인식되는 것은 무엇인지, 기회는 외부환경에서 유리한 기회요인은 무엇인지, 위협은 외부환경에서 유리한 불리한 위협요인은 무엇인지를 찾아낸다.

(2) SWOT 분석의 전략적 특징

기업 내부의 강점과 약점을, 기업 외부의 기회와 위협을 대응시켜 기업의 목표를 달성하려는 SWOT분석에 의한 전략의 특성은 다음과 같다.

- SO 전략(강점-기회전략): 시장의 기회를 활용하기 위해 강점을 사용하는 전략을 선택한다.
- ST 전략(강점-위협전략): 시장의 위협을 회피하기 위해 강점을 사용하는 전략을 선택한다.
- WO 전략(약점-기회전략): 약점을 극복함으로써 시장의 기회를 활용하는 전략을 선택한다.
- WT전략(약점-위협전략): 시장의 위협을 회피하고 약점을 최소화하는 전략을 선택한다.

SWOT 분석은 전통적인 군사전략의 기본원칙과 일맥상통한다. 영국의 군사전략가인 Lidell Hart는 전쟁에서 성공의 기본원리는 '자신의 강점을 적의 약점에 대해 집중하는 것' 이라고 주장하였다. 이는 외부환경에 대한 깊은 통찰력을 바탕으로 자신의 강점을 최대한 활용하면서 자신의 약점을 최소화할 수 있는 전략적 사고의 중요성을 의미한다. 외부환경의 변화는 기업의 관점에 따라 위협요인이 될 수도 있고 기회요인이 될 수도 있다. 예를 들어 일본제품에 대한 수입규제의 철폐는 국내 가전사들에게 상당한 위협요인이 되고 있지만, 이를 전화위복의 계기로 삼아 세계적인 수준의 경쟁력을 확보하기 위한 절호의 기회로도 파악할 수 있다.

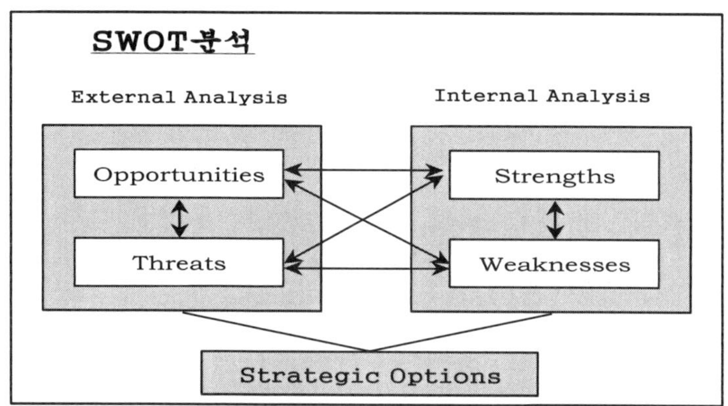

[그림 7] SWOT 분석의 구성

▸ 민간기상업계의 SWOT 분석

[표 6] 민간기상업계의 SWOT 분석

Opportunities	Strengths
•민간기상의 높은 성장 가능성 •정부의 육성의지 •낮은 진입장벽	•기상청과의 오랜 유대관계 •기상시장에 대한 높은 접근도 •정부정책의 영향에 대한 높은 인지도
Threats	**Weaknesses**
• 유료이용에 대한 국민의 심리적 거부감 •기상시장의 개념 미정립	•초기시장 개척 미흡 •영세한 규모 •기상청과의 관계설정 정립문제

2) 기상산업의 부문별 성장가능성과 한계

기상산업의 범위, 분류기준이 뒤에서 논의될 예정이며, 여기서는 기상산업이 가진 성장잠재력을 분석하고 동시에 그 한계를 도출코자 하였다.

(1) 민간예보사업

■ 도입배경

민간예보사업의 도입배경은 다양하게 제시할 수 있지만 다음의 몇 가지로 요약될 수 있다(www.kma.go.kr).

첫째, 다양한 기상서비스 수요 증대이다. 우리나라의 국력 신장과 더불어 국민생활수준이 향상됨에 따라 산업 각 부문은 물론 국민들의 기상수요분야가 다양해지고 있으며, 특별한 목적에 필요로 하는 기상정보 수요가 커지는 등 기상에 관한 인식과 관심이 높아졌다는 점이다.

둘째, 기상정보의 상업화서비스 출현이다. 세계 각국의 기상청은 세계기상기구(WMO)를 중심으로 긴밀한 국제협력하에 기술혁신을 촉진하며, 자국민의 공공이익을 위한 기상서비스를 제공하는 한편, 개별적이고 특수한 목적의 기상정보 서비스를 상업화하거나, 민간기상사업자를 통하여 제공하는 제도를 시행하여 좋은 효과를 거두고 있다.

셋째, 수익자부담의 서비스 제공에 대한 공감대 형성이다. 수익자부담에 의한 특수서비스를 통하여 경제적 이익을 창출한 외국사례가 언론에 자주 소개되면서 우리나라의 기상서비스 제도개선 필요성에 대한 여론이 비등하고, 제도 혁신을 촉구하는 국회의 대정부질의와 토론, 공청회 등의 공식적 토론을 거치면서 민간예보사업제도에 관한 국민적 공감대가 형성되었다는 점이다.

넷째, 정보시장 개방에 대비한 국내 기상정보산업의 육성이다.

WTO의 출범을 계기로 상품, 서비스, 지적재산권 등에 이르기 까지 광범위한 분야에 걸친 국제교역법 제정으로 세계화시대가 본격화하고 있을 뿐만 아니라, 기상정보시장의 개방에 대비하여 국내의 기상정보산업을 육성해야 할 시점이라는 점이다.

다섯째, 민간예보사업제도의 법적근거 마련이다. 정부는 대국민 기상서비스를 혁신하기 위한 일환으로 민간예보사업제도의 시행을 골자로 하는 정책결정을 한데 이어,「기상업무법(법률 제5232호, '96.12)」과 「동시행령(대통령령 제15415호, '97. 6)」 및 「동시행규칙(총리령 제 648호, '97. 7)」을 개정하여 '97년 7월부터 본격 시행에 들어갔다.

■ 민간예보사업의 개념

정보화 사회가 되면서 경제·사회·문화 등 모든 분야가 기상환경에 민감하게 작용하게 되었다. 이에 따라 기상청이 개별적으로 서비스할 수 없는 소규모 지역이나 특정장소에 대해 민간예보사업자가 기상예보를 제공하는 민간예보사업제도가 1997년 7월부터 시행되었다. 민간예보사업제도란 정부(기상청)가 개별적으로 서비스할 수 없는 특정의 수요자를 대상으로 기상예보를 판매할 수 있도록 제도화한 것이다. 이 제도의 시행을 계기로 실질적으로 작은 규모의 지역이나 특정장소에 대한 상세예보를 민간예보사업자가 그 수요를 창출해 서비스하게 됨으로써 고객만족의 기상서비스시대가 열린 것이라고 볼 수 있다. 예보사업의 범위는 특정한 수요자가 요구하는 기상예보의 발표 및 기상정보의 제공 등이다. 그러나 기상재해로 인하여 국민의 생명과 재산의 피해가 예상될 때 이에 대한 주의와 경고를 하는 특보는, 국민의 혼란을 방지하기 위하여 기상청에서만 발표하도록 되어 있다[5].

■ 예보사업제도의 필요성

첫째, 공익과 효율의 조화와 균형이다. 기상업무의 기본이 되는 관측과 국가간 자료의 교환 및 공공대중을 위한 서비스는 국민 전체의 이익보호를 위해 정부(기상청)가 수행하고, 특정인을 위한 서비스는 민간예보사업자가 맡는 것이 바람직하다. 예보사업자는 시장을 개척하는 동안 최종 수요자들의 필요와 욕구를 파악해 특화한 서비스를 창출하며, 정부는 사사로운 서비스 활동에 투자되는 낭비를 막고 대신 새로운 기술개발을 촉진함으로써 조화와 균형을 이룰 수 있다.

둘째, 수요에 부응하는 서비스제도 운영이다. 기상자료는 아무리 사용하여도 고갈되지 않는 무형의 자원이자, 높은 부가가치를 창출할 수 있는 사회간접자본의 하나이다. 최근 질적으로 다양화·상세화·전문화·지역화·세계화·특화된 기상정보서비스의 수요가 급증하고 있습니다. 이와 같은 시대적 요구에 부응하여 민간예보사업제도의 시행은 시의 적절한 선택이라 할 수 있다.

■ 서비스(제공되는 정보)내용

첫째, 생활기상정보이다. 기상정보는 생활과 가장 밀접한 관계

---

5) 민간예보사업의 대상은 육상예보·해상예보·항공예보로 구분하여 허가되나, 기상재해로 국민의 생명과 재산의 피해가 예상될 경우 이에 대한 주의와 경고를 하는 특보는 국민의 혼란을 막기 위해 기상청에서만 발표하도록 되어 있다. 기상청은 법령으로 정한 자격을 갖춘 상근 기술인력 2명 이상과 적정 규모의 사무소, 전산기 등 인력·장비·시설 기준을 갖춘 사업자에 대해 예보사업을 허가하며, 양질의 기상 서비스 제공을 위해 예보사업자에 대한 감독기능을 강화하고 있다.

가 있다. 일상생활은 물론 모든 생업이 날씨와 기후의 지배를 받기 때문이다. 생활의 편익증진을 도모하는 상세기상정보를 비롯하여 호우, 폭풍, 대설, 한파, 안개, 해일 등으로 인한 재해를 예방하거나 최소화하기 위해 기상정보는 필수품이다.

둘째, 농업기상정보이다. 과학적인 영농관리를 위해서도 기상정보는 필수적이다. 농작물의 품종 선택, 파종시기·시비·농약살포시기 등의 선택, 작황진단, 농업용수 관리, 서리·우박·바람으로부터의 피해예방 대책, 농산물 출하 및 유통에 이르기까지 이와 관련되는 기상서비스는 농업경영을 성공적으로 이끌어 준다.

셋째, 교통기상정보이다. 고속도로, 해상항로, 항공로에 대한 기상정보는 여객과 물류의 안전수송, 경제적인 경영을 도모하는데 꼭 필요한 정보이다. 출발지에서 목적지까지의 상세기상정보는 높은 부가가치를 창출하는데 크게 기여할 것으로 기대된다.

넷째, 토목·건축기상정보이다. 건설현장에서의 작업계획은 기상정보에 따라 조절을 함으로써 효율을 극대화할 수 있다. 또한 건축 구조물의 설계, 안전기준, 신도시건설 계획 등을 위한 기상정보는 쾌적한 생활 환경조성을 함에 있어서 필수적인 요소이다.

다섯째, 수문기상정보이다. 강수량 예측정보는 댐 수위조절 등의 수자원 관리, 발전 및 송전 등을 위하여 더 없이 중요한 정보이다. 특히 낙뢰, 호우, 태풍 등 악기상정보는 송전시설의 보호와 전력수급에 없어서는 안될 정보인 것이다.

여섯째, 스포츠·레져기상정보이다. 야구, 골프, 요트경기 등의 스포츠 대회와 대형 야외음악회 등 옥외에서 치룰 행사의 일정 운영에 필요한 기상정보는 많은 경비와 직결되므로 운영자나 관중 모두에게 있어 매우 중요하다. 이와 같은 내용들은 수주일 전부터 계획하여 진행되므로 그동안의 현장기상을 상세히 분석하여 서비스하게 된다.

일곱째, 제조·마케팅기상정보이다. 의류, 냉·난방기, 식·음료등 계절과 날씨에 민감한 상품의 제조와 판매에는 장·단기기상정보가 매우 중요한 기준이 되고 있다. 특히 마케팅 전략에 필요한 기상컨설팅 등은 성공적인 기업경영을 위한 동반자이다.

여덟째, 수산기상정보이다. 원근해에 출어하는 어선의 안전항해와 조업, 연안에서의 양식작업 등의 관리에 필요한 기상정보는 생산성 향상의 지름길로 안내하는 서비스이다.

아홉째, 관측·용역서비스이다. 대규모 체육대회장, 토목·건설공사현장, 활주로 공사장 등에 대하여는 스포츠의 경기력 향상과 공사의 원활한 추진에 도움이 되도록 그 현장에서 직접 기상관측을 하여 정보를 제공하는 한편, 기상영향평가 등의 용역서비스도 수행한다.

■ 예보사업자의 기술력

예보사업자의 수준높은 기술력을 확보토록 엄격한 등록기준 적용하고 있다. 기상청에서는 법령으로 정한 자격을 가진 상근 기술인력 2인 이상을 비롯해 적정규모의 사무소와 전산기 등 인력, 장비, 시설기준이 기상예보사업에 적정한가를 엄격히 심사하여 등록을 받고 있다. 또한 양질의 기상서비스가 제공될 수 있도록 기상청은 예보사업자에게 최신의 기술과 정보를 제공하면서 지도·검사 기능을 강화하고 있다. 현재 등록된 예보사업체에서는 경험이 풍부한 기상전문가를 확보하고, 국소지역 예보용 소프트웨어와 최신의 장비시스템을 갖추고 있으며, 서비스의 신뢰도에 있어서도 상당히 높은 것으로 평가받고 있다.

그리고 예보사업을 영위하려면 기본적으로 우리나라를 비롯한 전세계의 기상관측자료와 예측정보 등의 확보가 필수적이므로, 정부에서는 기상청이 보유 관리하는 기상정보를 예보사업자에게 제한없이 제공토록 하였다. 그러므로 기상청과 같은 규모의 데이터뱅크를 운영하고 있는 예보사업체에서는 방대한 자료와 정보의 토대위에 탁월한 기술력을 투입, 특정수요자의 요구에 따른 시간대별 상세예보 등 다양한 서비스를 할 수 있는 것이다.

기상업체의 발전 방향

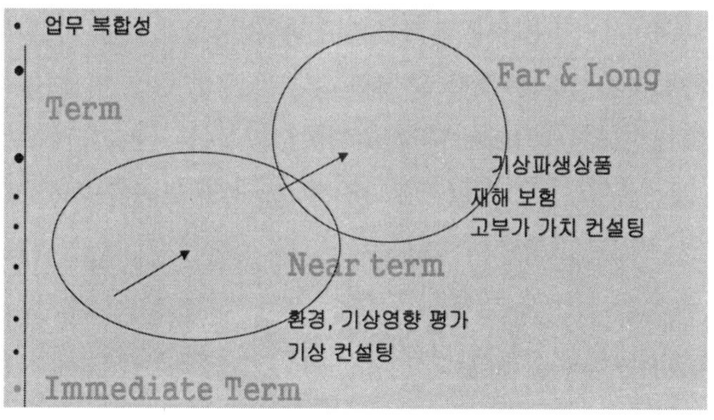

[그림 8] 기상업계의 발전 방향 로드 맵(Road Map)

(2) 기상컨설팅

1) 기상컨설팅 업계의 문제점

기상 컨설팅에 대한 문제점으로는 크게 기업의 인식과 컨설팅 기관의 능력 그리고 사회적 기반에서의 취약성을 꼽을 수 있다. 특히 우리나라 컨설팅 문화의 낙후성이 가장 큰 문제로 꼽을 수 있는데 이는 대중의 기상컨설팅에 대한 인식부족, 기업의 컨설팅 활용 부진, 정부의 관심부족 등 총체적으로 컨설팅 기반이 부진함을 의미한다.

(1) 고객에 대한 홍보의 미흡

일반인들은 '컨설팅'하면 대기업이나 대형프로젝트를 연상시키거나 I 고속철도 및 신공항 사업의 타당성 검토 등과 같은 프로젝트를 떠올릴지 모른다. 더욱이 능률협회, 생산성 본부 등 일부 국내 기관과 앤더슨 등의 외국계를 제외한 대부분의 국내 컨설팅 기관들이 일반에게 널리 알려져 있지 않은 것은 물론 고객에게 자격 있는 컨설팅 기관에 대한 정보제공이 어려운 실정이어서 일부 대규모 컨설팅 기관을 제외하고는 소규모 컨설팅 기관의 업무능력에 대한 분별력이 부족한 실정이다.

이처럼 국내 컨설팅에 대한 신뢰감이 부족하여 반사적으로 외국사를 선호하는 경향이 있다. 또 컨설팅의 내용이 이론에 치우쳐 실용적인 효과를 의심하는 경우도 있으며, 기업이 요구하는 적절한 서비스의 부재 역시 국내 컨설팅 기관의 과제로 지적되고 있다. 그리고 컨설팅 기관이 제공하는 서비스에 대한 기본적인 정보나 상품가치에 대한 기준이 없어 공정한 거래관행을 수립하는 데에도 큰 어려움이 있다.

(2) 컨설턴트의 능력평가 부재

아직 우리 사회에는 컨설턴트의 능력을 입증할 만한 객관적 자료가 부족하다. 또 상당수의 기업들은 외부의 컨설턴트를 통해 자신들이 처한 경영기술상의 문제를 해결하고 지출한 비용 이상의 성과를 거둘 수 있을 지에 대해 의구심을 갖고 있다. 따라서 이제라도 기상 컨설턴트의 자질을 강화하여 능력 있는 전문가를 양성할 필요성이 시급히 요구되고 있다.

유능한 컨설턴트에 대한 정보가 고객에게 효율적으로 제공되지 못하고 있는 것도 컨설팅의 활성화를 가로막는 장애가 되고 있다. '컨설팅 기관의 난무'와 '불확실한 컨설턴트'의 접근으로 고민하는 기업이 질 좋은 컨설팅 서비스와 신뢰할 만한 컨설턴트를 쉽게 선택하고 찾아낼 수 있는 여건이 조성되어 있지 못한 것이다.

(3) 기상컨설팅 기법의 개발부진

기상컨설팅을 위한 고유한 컨설팅 기법을 시장에서 찾아보기란 그리 쉽지 않다. 이것은 기존의 일반적인 컨설팅 분야에서와 마찬가지로 우리나라 기업이 받고 있는 컨설팅의 대부분은 미국이나 일본 등에서 상륙한 수입품이기 때문이다.

이는 새로운 컨설팅 기법의 개발능력이 부족하기 때문이기도 하지만 국내 컨설팅 기관으로서는 외국의 컨설팅 기법을 수입·보급하는 것이 보다 간편하고 쉽기 때문인 것으로 보인다.

(4) 컨설팅 인프라의 문제

선진국의 경우와 같이 민간자율의 자생적인 환경에서 정착하지 못하고 있으며, 아직까지도 정부의 역할을 기대하는 분위기이다. 특히 영세한 다수의 기상 컨설팅 기관들은 주요고객인 중소기업이 보다 쉽게 컨설팅을 받을 수 있도록 정부가 지원해 줌으로써 컨설팅 수요가 확대되는 등 사업여건이 개선되기를 바라고 있다.

컨설팅업에 대한 성격이나 범위를 규정하고 컨설팅 기관의 설립요건 등에 대한 법적 근거가 미비하므로 현재의 '중소기업진흥 및 제품구매촉진에 관한 법률'을 비롯한 여러 개별 자격법에서 산발적으로 규정하고 있는 컨설팅 관련법만으로는 미흡하다는 것이 많은 컨설팅 업계의 지적이다. 또 컨설팅 비용의 표준 공인이나 기준이 없다는 것도 하나의 문제로 제기되고 있으며, 정부의 컨설턴트 활용방안이나 지원정책이 활성화되고 있지 못한 점도 컨설팅 기관이나 고객인 일반기업에게 아쉬운 점으로 지적되고 있다.

그러나 최근 들어서는 벤처기업의 경영자들을 중심으로 아웃소싱이나 정부의 컨설팅 지원(주로 중소기업이나 중소기업진흥공단과 같은 기관의 지도사업)에 많은 관심을 보이고 있다. 물론 정부가 나서서 제도를 만들고 특별법을 제정하며 비용의 산정이나 컨설팅 업무의 범위를 정하는 등의 관심과 열의를 보이고 있어서 컨설팅 산업이 향후 선진국과 같은 수준의 궤도에 오를 것으로 보인다.

벤처기업이나 정보화와 관련된 업종 등 정부로부터 많은 관심과 지원을 받고 있는 기존의 산업과 비교해 볼 때 컨설팅 산업은 아직까지 경쟁적 면에서 부족함이 있으므로 장기적인 차원에서 발전전략을 세우고 실행 가능한 사항을 하나하나 수행해 나간다면 컨설팅 산업의 기초는 내실 있게 다져질 수 있을 것이다.

2) 기상 컨설팅 발전의 가능성

현재 많은 기업체에서 마케팅에 날씨나 계절을 이용하는 날씨 마케팅의 효과를 통해 기업의 매출과 수익을 획기적으로 개선할 수 있다는 믿음이 확산되고 있으며 이는 기상 컨설팅 업계에도 호재로 작용할 수 있는 좋은 기회라 할 수 있을 것이다. 다시 말해 현재 기상정보는 판매와 생산부문은 물론, 전략수립, 재고관리, 상품개발 등 실로 다양한 분야에서 이용되고 있으며 농업과 어업뿐 아니라 유통·의류·스포츠와 레저·건설·에너지 등 대부분의 산업에서도 활용이 가능하다고 할 수 있다.

기상 컨설팅 산업의 발전을 위해서는 외부적인 여건 조성이 필수적이라 할 수 있는데 '기업에 대한 경영개선의 요구 증가', '컨설팅 수요의 증가에 영향을 미치는 요소들의 증가', '산업패턴이 변화', '기상 컨설팅 산업의 자생기반의 점진적 구축' 등은 기상 컨설팅 산업 발전을 위한 유리한 조건이라 할 수 있을 것이다.

정보화의 촉진은 엄청난 컨설팅 수요를 촉발시키고 있으며, 이는 대부분의 기술과 경영정보가 컴퓨터와 접목되면서 새로운 양상의 컨설팅 기법과 사업영역을 확장해나가고 있다. 치열한 시장경쟁은 상품은 물론이고 기술의 수명을 단축시키고 있으며, 오늘의 신기술이 미래에서는 유물로 변하게 된다. 이러한 급속한 변화에 기업 스스로가 적절히 대응하기란 쉽지 않은 경영 요인이 증가함을 의미한다. 즉, 외부의 전문적 조력이 더욱 필요시 됨을 입증하는 것이다. 특히 기상 컨설팅의 주요기능의 하나는 날씨가 경영에 미치는 위험요인을 사전에 발견하고 이를 완화 혹은 제거하는 것이다. 이제 우리의 기업경영 패턴은 고속성장에서 안정추구로 바뀌고 있으며, 과학적인 분석에 기초하지 않은 무모한 투자게임은 설 땅이 없어질 것이다. 또한 날씨의 영역이 최고경영자가 알고 행해야 할 분야가 되어감에 따라 보다 바람직한 의사결정을 위해 날씨 전문가의 조언이 필수적으로 수반될 것이다.

▸ 기상컨설팅 산업의 SWOT 분석

[표 7] 기상컨설팅 산업의 SWOT 분석

Opportunities	Strengths
•기업의 날씨 위험(risk)으로 부터의 회피 노력 증가 •기업의 아웃소싱의 활성화 •기업의 날씨 마케팅에 대한 중요성 인식의 확산	•기상컨설팅 기관의 가격 경쟁력 •기상에 관한 축적된 노하우
Threats	**Weaknesses**
•기업에 대한 기상컨설팅기관의 신뢰구축 미흡 •정부의 기상컨설팅에 대한 활성화 방안이나 지원정책의 미흡 •컨설팅 산업자체가 벤처기업이나 정보화 관련 업종에 비해 아직까지 정부로부터 산업으로 인정받지 못하고 있음.	•기상컨설팅 업체의 영세성 •기상컨설팅에 대한 홍보 부족 •기상컨설팅 기법의 개발 부재 •기상컨설턴트의 능력평가 부재

(3) 장비 제조업계

국내 장비제조업 시장의 현황

국내의 장비제조업 시장의 현황을 몇 가지로 살펴보면 다음과 같다.

첫째, 기상 장비 시장은 수요의 제한성에 따른 규모의 경제 미비로 육성이 어려운 분야로 판단되어왔다.

둘째, 기존의 시장 규모에서도 개선여지를 남긴 운영이 시장 규모를 축소시켰는데 구체적으로 유지 보수 미비로 기존 고객들의 대체 수요를 포기케 되었고, 공공 부문 및 민간 수요를 자극치 못했다.

셋째, 기상청 외의 공공 부문 수요의 예로써 수자원 공사의 우량계, 도로공사의 우량계, 농진청의 우량계, 지자체의 우량계 등이 있다.

넷째, 이들 공공기관의 장비간 호환 및 자료 교환이 어렵거나 불능인 체제로, 다시 말하면 관측 표준화가 요청된다.

4) 국내 장비제조업과 관련 현안

(1) 기상장비업체의 과제

① 유지 보수 서비스의 개발 및 상품화
② 장비의 고객 사양 반영 (customiztion)

③ 장비와 측정 데이터의 처리 분석을 묶는 솔루션 판매 필요

(2) 기상청의 과제

① 공공 부문의 장비의 이중 설치 문제 해결
② 타 공공기관의 장비 활용지도 (기획예산처 예산지원)
③ 집중적인 기술개발 지원
④ 기존 AWS 정비의 민간 외주
⑤ 장비 검증 기능 또는 검증 기관(민간업체)에 대한 인가서

2. 국외의 장비제조업체 : 핀란드 바이셀라(Vaisala)

바이셀라그룹은 세계적인 기상장비제조업체로서 핀란드에 본사를 두고 있으며 각 국의 항공관련부처, 국방부, 도로나 철도관련부처, 기상관련부처 등을 주 고객으로 하고 있다.

바이셀라그룹은 100여개 국 이상에 고객들을 가지고 있는 국제적인 기업으로 2002년 말 현재, Finland의 Vantaa에서만 700여명 정도가 근무하고 있다. 전 세계 11개 국가에 21개 offices 운영하고 있으며, 전체적으로 Vaisala 직원의 38%가 핀란드 이외의 지역에서 근무하고 있다.[6]

6) https://www.vaisala.com/en 참조

① 연혁

- 1931년 12월에 Vilho 교수가 라디오존데를 띄우기 시작하였고, 그 원리를 개발하였다.
- 1936년부터는 라디오존데의 생산과 판매가 가능 및 시작하였다.
- 사업 초기부터 전체 생산의 95%를 수출하는 국제적 기업(international business)으로 성장하였다.
- 1944년에 라디오존데시스템 생산업체인 Mittari Oy 설립하고, 라디오존데시스템을 위한 시설(facilities)들은 제작하였다.
- 1954년 헬싱키 근교인 Vantaa에 현대적인 생산공장 설립하였다.
- 1955년 회사명칭을 Mittari에서 Vaisala로 개명하였다.
- 2003년 현재 Vaisala의 직원은 1200명 정도이며, 생산품의 96%를 세계 100여개국에 수출 , 발달된 기술력과 집중적인 R&D, 고도의 전문성이 Vaisala를 대표한다.

② History of acquisitions & divestments :

- 2002년 : 2002년 3월 Vaisala Group은 미국 애리조나의 Global Atmospherics Corporation of Tucson을 취득하였다.
- 2001년 : 2001년 6월 Vaisala Group은 미국의 Radian international LLC의 the Meteorological Systems Unit을 취득하였다.
- 2000년 : 2000년 10월 Vaisala Group은 독일의 Jenoptik Impulsphysik Gmbh을 취득하였다.

- 1999년 : 1999년 10월 Vaisala Group은 미국의 Handar Inc.을 취득, 1999년 3월 미국의 AIR Inc.을 취득하였다.
- 1996년 : 1996년 7월 Vaisala Group은 미국의 Artais Weather Check Inc.을 취득하였다.
- 1995년 : 1995년 6월 Vaisala Group은 미국의 Breed Technologies Inc.에 Vaisala Technologies을 매각, Vaisala Technologies Inc.는 자동차 산업에 있어 실리콘(silicon) 전기 용량 감지기를 생산하였다.
- 1989년 : 1989년 8월 Vaisala Group은 영국의 the British Thermal Mapping International Ltd.를 취득하였고, Thermal Mapping은 도로와 활주로의 상승 온난 기류의 특징을 측정하고, 예보 모델을 제공하는 것을 전문으로 한다.
- 1985년 : 1985년 Vaisala Group은 미국의 상층 기류의 측면도를 제작하는 Tycho Technologies Inc.을 취득하였다.

③ 성공요소 : 활발한 R&D를 말할 수 있다.
; 2002년 한 해 동안 R&D 투자비용이 net sales의 11.2%이고, NOAA, NCAR, the State Research Centre of Finland, University of Oklahoma, University of the Helsinki, the Helsinki University of Technology 등과 밀접한 관계 유지하고 있다.

④사업분야 :

▶ Vaisala Soundings (Upper Air Division)

고층의 기상을 관측하기 위한 제품을 생산하는 부서로 주요 생산물은 라디오존데(radiosonde)이다.

▶ Vaisala Solutions (Surface Weather Division)

지표의 기상상태를 관측하고 그에 대한 자료를 수집하기 위한 장비를 주로 생산하는 부서로 주로 항공 내지 도로 교통안전을 향상시키기 위한 기상 센서류와 측정 장비들을 생산한다. 예를 들어 자동기상관측시스템(AWS)와 도로기상관측시스템 등을 생산한다.

▶ Vaisala Instruments (Sensor Systems)

상대습도, 이슬점, 기압계, 이산화탄소 측정 장비와 같이 다양한 분야(예: 농업, 빌딩관리 등)에서 응용될 수 있는 기상상태를 측정하기 위한 센서류를 생산하는 부서이다.

▶ Vaisala Remote Sensing.

윈드프로파일러와 Thunderstorm Localization System과 같은 원격 탐측시스템을 생산한다.

제4절 국외의 기상관련산업의 기본정책과 현황

1. 영국

1) 민간기상사업의 기본정책

영국에서는 WMO의 Resolution 40이 민간기상사업자 육성을 위한 최소 기준이며, 이 기준보다는 더 적극적인 지원정책을 실행하고 있다. 특히 영국은 불문법 국가로 반드시 문서화되지 않은 사항은 그 근본취지에 반하지 않는 이상 지원이 가능하다. ECOMET는 민간회사의 권리를 보장해 주는 일종의 계약서라고 할 수 있다.7)

영국정부는 기상정보시장을 육성하기 위한 지원책을 갖고 있지 않다. 다만, 경쟁제한에 관한 법률을 운영하고 있다. 이는 소규모 신규회사의 성장을 돕기 위한 규제정책으로 기존의 대규모 회사의 과도한 시장지배력을 약화시키기 위한 것이다.

영국의 기상청은 기상정보를 배분하기 위해 독립된 조직을 두고 있지 않으며, 민간기상회사와 개별적인 계약을 통해서 기상정보를 배분하고 있다.

민간기상회사는 영국기상청으로부터 제공받은 정보에 대한 요금은 개별적인 계약을 통해 지불하고 있고 영국기상청 내에서의 요금회수는 민간기상회사에게 핵심서비스(Core Service)를 제공하는 부서가 계약에 근거해서 직접비용을 요금으로 회수하고 있다.

---

7) https://www.metoffice.gov.uk/ 및 각종 영국 기상청 자료 참조

2) 민간기상사업의 현황

영국의 기상정보시장은 최근 7년 동안 2배로 성장했다. 기상정보시장은 1980년대말부터 1990년대초에 급성장하여 21세기에 이른 지금은 유럽에서 큰 시장으로 성장했다.

영국의 기상정보시장의 성장의 특징은 먼저 기술이 있고, 시장수요가 발생하는 정도에 따라 기술이 시장에 투입되어 가는 형태이다.

소규모의 민간회사들은 기상청에서 제공하는 자료를 재포장하여 고객에게 제공하는 경우가 대부분이며, ocean-route, PA weather center과 같은 대규모의 민간회사들은 자체예보 및 연구능력을 갖추고 있고, 부가가치를 창출할 정도의 규모와 기술을 갖고 기상정보를 제공한다.

영국의 경우에는 B2B에만 집중하는 회사는 거의 없고, B2B의 비중은 그리 크지 않다. 새로 시작하는 소규모 민간회사의 경우 B2C에서 출발하여 회사의 규모가 확장됨에 따라 B2B로 이동하는 추세이다.

1990년대에는 영국의 기상청 및 기상회사들이 B2B시장에 치중했기 때문에 B2C시장이 상대적으로 협소했지만, 현재는 B2C시장이 빠른 속도로 증가하고 있다. 영국기상청은 향후에는 B2C시장이 약 55-60%를 차지할 것으로 예상하고 있다.

2. 미국

1) 민간기상사업의 기본정책

세계 최대의 경제규모에 걸맞게 전세계에서 가장 많은 기상회사가 성업중이다. 현재 400여개의 민간기상회사가 활동 중이며 매출액도 연간 12억 달러가 넘는 것으로 추정된다.[8)]

미국의 민·관역할분담 기상서비스제도의 기준은 미국기상청(National Weather Service : NWS)과 민간부분의 역할에 관한 정책과 지침에서 언급하고 있는데, 그 주요 목적은 지금까지의 전통적 서비스기능을 계속 유지하고 유연성을 유지하면서 실질적으로 발생 가능한 혼란을 최소화하려는 것이다. 주 내용은 NWS는 국민의 생명과 재산의 보호와 관련된 악기상, 홍수. 태풍, 해일에 관한 예보정보의 제공과 기상, 기후 및 해양에 관한 데이터와 정보의 수집교환, 배포와 각종 데이터의 기본적인 품질관리체계의 확립 및 이용자단체가 예보의 신뢰도와 이용가능성을 평가하기 위한 정보를 제공하며, 기상모델 및 수문기상모델의 연구개발 업무 및 지원 등을 주요 업무로 하고 있다. 그 외 모든 분야에서의 민간기상업체의 활동이 보장되고 법률이 정하는 바를 제외하고는 민간기상업체에서 현재 제공중이거나 제공가능한 경우에는 민간기상업체와 경합하지 않는다. 바로 민간이 활동할 수 있는 공간이 최대한 보장되어 있는 실정이다.

기상청은 이상에서 열거한 역할을 다하고 민간부문과의 파트너쉽을 진전시키기 위해 다양한 사항들을 수행하고 있으며, 민간기상사업 부문에서는 가공된 기상예보를 비롯해 하천·수자원예보, 상세 수문기상정보, 기상 컨설팅, 기상과 수문관련 컴퓨터 하드웨어와 소프트웨어, 관측시스템, 영상정보시스템, 그림 및 그래프 정보, 고객이 필요로하는 다양한 이미지 등 부가가치가 부여된 산출

8) https://www.noaa.gov/

물의 제공, 특수한 디자인과 건설 설계에 필요한 기후개요 등을 제공하는 업무를 수행한다.

2) 민간기상사업의 현황

미국기상청의 정보공개정책으로 인해 민간기상예보사업의 연간 규모는 109억 달러에 달한다. 이는 상업적으로 성공한 전국 기상 예보 TV 채널 시장의 연간 규모인 1억 달러를 포함한 것이다. 또한 대략 400개의 민간기상회사들이 약 4000명의 기상학자를 고용하고 있으며, 10개의 주요 민간기상회사는 작지만 매우 전문화된 형태로 운영되고 있다. 미국 기상청은 전 분야에 기상정보의 활용성을 극대화시키기 위해 산학협동체제의 전략적 파트너쉽 관계를 구축하고 있다.

3. 일본

1) 민간기상서비스의 기본정책

일본기상청(Japan Meteorological Agency, JMA)은 민간기상서비스제도를 운영함에 있어, 민간부문에서 수행하기 힘든 전국의 관측망 운영·국민의 재산과 생명을 보호하는 깃아정보의 생산·기상자료의 국제교환·수치예보모델 개발 등 기본적이고 필수적인 기상업무를 위주로 국가 기상당국인 기상청이 직접 수행하고 있다. 민간부문에서는 기상청이 지원한 기상자료를 최종 수요자가 요구하는 다양한 기상정보 형태로 가공 생산하거나 이용자가 쉽게 이해할 수 있도록 재편집하여 제공하게 함으로써, 전체적으로 기상정보를 이용한 국가의 부를 창출하는데 그 기본 목표를 두고 있다.

2) 민간기상사업 허가의 특징

예보사업의 허가는 일반대상예보와 특정이용자 대상예보로 구분하여 허가하고 있다. 일반대상예보는 기상청 발표 내용안에서의 해설예보이다. 따라서 보도기관에 대한 서비스는 기본적으로 기상청 발표내용과 같으며 이 내용을 보도기관용으로 형식을 변환하여 전달하는 서비스이다. 반면 특정이용자 대상의 예보는 조건부로 예보를 제공하는 것이다. 즉 대상지역, 예보기간, 예보항목, 예보발표시간, 예보발송처 등 이용자 위주의 서비스이다. 그러나 장기예보에 대한 허가는 유효한 방법이 정립되어 있지 않아서 아직 신청한 사례가 없다.

민간기상회사는 어느 지점의 예보를 하려면 해당지역의 관측자료를 반드시 수집할 수 있어야 하고, 예보사업을 허가함에 있어서 시설, 컴퓨터의 크기나 용량 등에 관하여 정고 있지는 않다. 다만 허가신청을 접수할 때 그 관련 서류에 이를 표시하도록 하고 있으며 검사를 할 때 사실과 다를 경우 벌금을 부과한다.

3) 민간기상사업의 현황

일본기상청(Japan Meteorological Agency, JMA)은 현(縣) 단위에 대한 기상정보를 단독으로 제공하고 있으며, 민간기상사업체는 특정 사용자에게 특화된 서비스를 제공하고 있어 일본기상청과 민간기상사업체는 동등한 파트너로서 좋은 관계를 유지하고 있다.

일본의 민간예보사업은 1950년에 시작된 이후 1992년 12월 42개의 민간기상사업체가 기상청장이 허가 하에 활동 중이며, 직원은 2,600명 정도이다. 일본의 민간기상서비스는 재단법인 일본기상협회의 활동으로 시작되었는데, 이는 1950년에 설립되었다. 1994년 기상업무법의 전면 개정을 통해 기상예보사 제도를 신설하게 되었고 비영리법인으로 기상사업지원센터가 설립되었다.

제 3 장 기상산업 육성을 위한 정책들의 고찰: 기존의 사업영역외의 신규진입 가능 시장모색

제 1 절 날씨와 관련된 금융상품을 통해 본 기상산업성장 가능성

날씨와 관련한 금융상품도 판매하게 소개되고 있다. 우리나라 대표적인 기상업체중의 하나인 케이웨드(kweather.co.kr)에서 소개되고 있는 날씨금융상품의 종류는 모두 7가지이다. 이를 간략하게 살펴보면

☐ 날씨보험(재정손실보험, 행사취소보험 및 Contingency보험)

☐ 농작물보험

☐ CATBOND(대재해채권)

☐ 날씨파생상품 등이 그것이다.

첫째, 날씨보험이다. 국내의 날씨보험으로는 재정손실보험과 행사취소보험, 농작물 보험, 상금보상보험이 있다. 날씨상품의 특징으로는 ⓐ 기상현상으로 인한 기업의 이익감소에 대비하고 안정적인 재정계획 수립이 가능케 하여 통제 불가능한 기상요소에 대한 위험을 보험회사에 전가함으로써 경제적 손실을 최소화하며 ⓑ 크리스마스, 신정, 설날, 발렌타인데이 등 특정일의 날씨와 관련하여 새로운 마케팅 TOOL로 활용한다. ⓒ 과거 수십 년간의 기상자료 및 통계에 기초한 객관적인 요율을 산정하며, ⓓ 기온, 강수

량, 강설량 등 기상요소의 보험 요율 산정에 활용한다. 날씨보험의 적용대상으로는 기상현상으로 인한 피보험 이익이 객관적인 자료에 의해 산정이 가능한 개인/법인체를 대상으로 한정하고 있다.

둘째, 농작물 보험이다. 해마다 우리나라는 6~7월의 장마철 또는 8월 하순~ 9월 상순에 일어나는 태풍에 의한 풍수해(風水害), 여름철 이상저온에 의해 일어나는 냉해(冷害), 날씨가 가물어서 토양중의 수분부족으로 발생하는 한해(旱害), 작물의 어린 기관(器官)이 얼어서 생기는 피해로서 특히 산간지역에 피해가 심한 동상해(凍霜害) 등 날씨로 인한 농작물의 피해가 매년 발생하고 있다. 통계에 따르면 1980년~1998년까지의 자연재해로 인한 농작물의 피해액은 3,564억원, 농경지 피해는 891억원에 이르고 있다. 따라서 농작물 보험은 이러한 자연재해로부터 농업인을 보호하고자 하는 제도이다. 즉 농작물보험은 농업인이 적정수준의 보험료를 내고 실제 날씨로 인한 자연재해가 발생할 경우에 보험회사가 그 피해액을 보상해주는 보험이다. 가입사례로는 다음과 같다〈표1참조〉. 즉 다른 작물과 병행하여 농사를 짓는 경우 두 작물의 재배면적에서 피해면적이 30%를 초과하지 않으면 정부로부터 재해보상을 받지 못한다. 실례로 벼농사를 3000평 짓는 朴씨는 지난해에도 태풍으로 배과수원 2천평 중 1천 4백평에서 낙과 피해를 입었으나 2개 작물을 합산한 전체 재배면적 5천평의 28%에 그쳐 전혀 보상을 받지 못했다. 그러나 박씨는 날씨 보험에 가입함으로써 피해를 보상 받을 수 있었다.

[표 8] 농작물보험 가입사례

계약자/피보험자	朴씨
기간	2020년 8월~2020년 9월
담보 위험	대상기간 중 해당지역이 A급 이상 태풍에 의해 영향을 받을 때
보험 가입 금액	1억원

셋째, CAT-BOND(대재해채권)로서 폭풍우 지진 등으로 인한 피해보험이다. 여기서 Cat은 대재해를 의미하는 Catastrophe의 줄임 말이다. 실제로 폭풍우, 지진 등으로 인한 인명 재산의 피해의 규모는 상상을 초월한다. 예컨대 지난 98년 9월 미국 카리브해 연안을 강타한 허리케인은 무려 1백억 달러 재산 피해를 남겼고 이때 허리케인으로 인해 목숨을 잃은 사람만 4천명을 넘어섰을 정도이다. 자연재해로 인한 피해는 바다 건너 남의 나라 얘기만은 아니다. 우리나라의 경우 지난 99년 한해만 자연재해로 인해 무려 1조 9천억원이 넘는 피해를 입은 것으로 집계됐다. 더욱 심각한 사실은 갈수록 잦아지는 기상이변으로 인해 자연재해로부터 야기되는 피해는 갈수록 크게 늘어나고 있다는 점이다. 자연재해로 인한 피해가 이처럼 막대하다 보니 보험회사의 입장에서는 자연재해보험을 판매하기가 여간 난처한 게 아니다. 우선 보험 지급액이 엄청나다 보니 재 보험을 들기가 어려울 뿐 아니라 자칫하다간 보험금을 감당하지 못하고 파산하는 경우가 발생할 수 있기 때문이다. 예컨대 아무리 덩치가 큰 보험 회사라 하더라도 초대형 자연재해에 대한 담보는 자신들이 감당할 수 있는 범위를 벗어나 있는 것이다. 그렇다고 보험사가 초대형 자연재해에 대한 보험상품을 판매할 수 없는 것은 아니다. 대재해 채권은 자연재해에 대한 위

함을 헤지 할 수 있는 보험 상품을 판매한 손해보험사가 채권을 발행하여 자본시장의 투자자들에게 그 위험을 전가하는 새로운 형태의 위험 관리 기법을 말한다.

Cat-Bond의 시장규모를 볼 때 1999년 세계 시장규모는 11억 달러이고, 2004년에는 150억 달러로 세계시장규모가 성장할 전망된다. 국내 시장의 경우는 6천1백억원~1조2천억원에 이르는 국내 잠재적 자연재해보험을 시장을 감안하면 시장규모가 약 1천억원에 이를 것으로 전망되고 있다. Cat-Bond의 기본모형은 〈그림1〉과 같다. 2020년 기준으로 기상 관련 선물 거래 건수는 전 시기 대비 60%가 증가 하였고, 옵션 거래는 전 시기 대비 143% 증가한 적도 있었는데, 이 시기에는 2020년 9월이 가장 큰 거래량을 기록한 것으로 제시되고 있다. 그리하여 2020년 12월 기준으로 29,000 건의 거래량이 제시되고 있다.[9] 물론, 연도별, 세계 기상이나 정치 경제적 변수의 영향으로 이러한 거래량의 증감이 가능하지만, 전반적 추세 상 기상 기후 기반의 금융 상품의 시장이 확대되는 것은 피하기 어려운 것으로 보아진다.

---

9) https://www.cmegroup.com/education/articles-and-reports/managing-climate-risk-with-cme-group-weather-futures-and-options.html

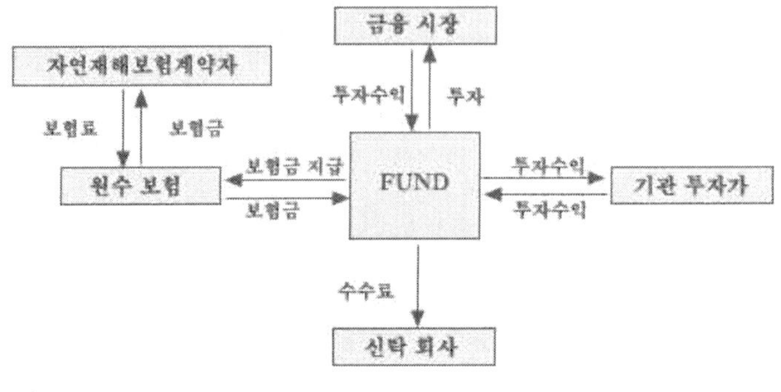

[그림 9] Cat-Bond의 기본모형

도표에서 알 수 있듯이 자연재해보험을 판매한 원수 보험사의 경우 재보험사가 인수할 수 있는 능력을 넘어서는 대재해 위험에 대해서는 채권발행을 통해 금융시장에 전가 시킨다. 이때 원수 보험사는 채권 발행과 판매하는 업무 그리고 펀드를 운영하는 업무 등을 신탁회사에 위탁하게 된다. 신탁회사는 주로 재보험사나 투자 은행 등이 주요 멤버가 돼 만들어지게 된다. 채권 발행 후 만약 불행히도 대재해가 발생할 경우에는 신탁회사는 보험화사에 보험금을 지급해야 만 한다. 또한 대재해가 발생하게 되면 채권에 투자한 투자자의 수익은 크게 줄어들거나 겨우 원금만 보장 받을 수 있는 상황이 발생하게 된다. 심지어 채권에 투자한 원금의 일부 또는 모두를 잃을 수도 있다. 반면 우려하던 대재해가 발생하지 않을 경우에는 이 채권을 구입한 투자자들은 다른 채권 수익률보다 월등히 높은 이익을 남길 수 있게 되는 것이다. 국내에서는

2000년부터 정부차원에서 추진하고 있는 자연재해 보험의 일종인 농작물 재해보험과 맞물려 대재해 채권 시장은 열릴 가능성이 높다. 일부 국내 보험 사들은 대재해 채권을 시판하기 위한 개발 작업을 시작하고 있는 상황인 것이다. 보험개발원 조사에 다르면 국내의 경우 대재해 채권에 대한 잠재적인 시장 규모가 1천억원을 넘어서고 있는 것으로 추정되고 있다. 또한 보험개발원은 대재해 채권과 맞물려 있는 자연재해보험에 대한 잠재적 시장규모는 연간 6천 1백억원에서 1조 2천억원에 달할 것으로 분석하고 있다

넷째, 날씨파생상품으로서, 특정지역의 기온이나 폭우, 풍속 강설량, 일사 시간 등과 같이 객관적으로 측정 가능한 기후 요소를 바탕으로 날씨로부터 위험을 헤지할 수 있도록 개발 된 일종의 금융 상품이다. 현재 날씨 파생 상품은 대부분 단일 지역의 기후 지수를 기반으로 해 만들어진 콜 옵션과 풋 옵션 그리고 스왑의 형태로 거래가 이루어지고 있다. 지난 97년 첫 선을 보인 미국에서는 2000년 시장 규모가 80억 달러에 이를 정도로 가장 급성장하는 파생상품 분야로 손꼽히고 있다. 날씨파생상품이 날씨보험이나 재해 채권등과 다른점은 어떤 현상이 발생할 가능성과 그 현상의 위험과 높고 낮음에 있다. 예컨대 날씨파생상품은 어떤 현상으로부터 예상되는 위험이 낮지만 발생 가능성이 높은 경우에 적합하다. 즉 온화한 날씨로부터의 위험을 헤지 하기 위해서는 날씨파생상품이 적합할 것이다. 반면 허리케인과 같이 위험의 정도가 높고 발생가능성이 낮은 경우에 대해서는 날씨보험이나 대 재해 채권(Catastrophe Bond)이 적합하다.

날씨파생상품은 몇 해전만 하더라도 사실상 지구상에서 존재

하지 않은 신기루와 같은 존재였다. 이 시장이 무한한 잠재성을 갖고 있는 이유는 대부분의 비즈니스 분야가 날씨로부터 자유롭지 못하다는 데 있다. 실제로 모든 비즈니스의 70% 이상이 어떤 형태로든 날씨로부터의 위험에 노출돼 있다고 한다. 또한 날씨로부터의 위험은 지역과 시장을 초월한다는 데 그 심각성이 있다. 미국 상무부의 분석에 따르면 미국 국내 총생산(GDP)의 22%인 1조 8천억 달러 가량이 날씨에 민감하게 연관돼 있다고 한다.

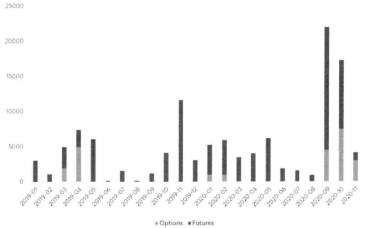

[그림 10] 세계날씨 파생금융상품 시장 규모 (단위: 월별 건수)[10)]

전세계적으로 날씨파생상품의 90% 이상이 Cap, Floor,

---

10)https://www.cmegroup.com/education/articles-and-reports/managing-climate-risk-with-cme-group-weather-futures-and-options.html

Swap의 형태로 거래되고 있습니다. ⓐ 콜옵션(Call Option)은 매수자가 매도자에게 프리미엄을 지불하는 대가로 옵션 만료일 이전 또는 만료일에 정해진 가격으로 선물을 매수할 수 있는 권리를 가지는 계약 형태의 금융상품이다. 이례적인 고온, 저온 현상이나 강수량 등을 예상하는 업체가 주로 매입하고 있다. ⓑ 풋옵션(Put Option)은 매수자가 매도자에게 프리미엄을 지불하고 행사가격이 시장가격보다 높을 경우 매수자는 매도할 권리를 가지는 금융 상품이다. 평이한 기온이나 강수량을 예상하는 업체가 주로 활용하고 있다. ⓒ 스왑(Swap)은 동일한 행사가격으로 콜 옵션과 풋 옵션을 조합시킨 상품으로 시장가격이 계약가격보다 높을 경우 매도자는 매입자에게 차액을 지불하고 시장가격이 계약가격보다 낮을 경우 매입자는 매도자에게 차액을 지불한다. 풋 옵션이나 콜 옵션과 다른 점은 계약 시 프리미엄이 없다는 것이다[11]. 날씨파생상품 구성 개요를 요약하면 〈표9〉와 같다.

---

11) 날씨 상품이 거래되는 기본적인 계약단위로는 난방지수(HDD)와 냉방지수(CDD)등이 있다. 냉방지수(CDD)는 하루 중 평균온도가 화씨 65도(우리가 사용하는 섭씨 기준으로는 18도)이상으로 올라가 냉방이 할 필요가 있는 에너지의 정도를 가르킨다. 냉방지수는 하루 중 최고기온과 최저온도를 더한 평균값에서 화씨 65도를 뺀 값이다. 예컨대 화씨 기준으로 어느 특정일의 최저온도가 58도이며 최고 온도가 80도라면 냉방지수는 그날의 평균값 (58+80)/2=69 에서 화씨 65도를 뺀 4가 된다. 예컨대 냉방지수(CDD)가 높을수록 날씨가 덥다는 것을 의미한다. 난방지수(HDD)는 하루 평균 온도가 화씨 65도 이상으로 내려가서 난방을 할 필요가 있는 에너지의 정도를 의미한다. 난방지수가 높을수록 날씨가 춥다는 것을 뜻하며 겨울철에 주로 필요한 지수이다. 난방지수는 화씨65도에서 하루 중 최고 온도와 최저온도의 중간 값을 뺀 수치로 나타난다. 예컨대 특정일의 최고 기온이 55도이고 최저기온이 35도 일 경우 그 중간값은 (55+35)/2=45가 된다. 이를 화씨 기준 온도인 65에서 45를 빼낸 20이 난방지수가 되는 것이다.

[표 9] 날씨파생상품 구성개요

<table>
<tr><td colspan="2">거래성사요인:상품 매입자는 매도자에게 이상적 기온으로부터의 위험을 떠넘겨 리스크를 최소화하려 할 때 계약성립</td></tr>
<tr><td>Buyer</td><td>Seller</td></tr>
<tr><td>Seller에게 프리미엄지급위험전가</td><td>Buyer로부터 프리미엄수령위험인수</td></tr>
<tr><td colspan="2">이상기온 발생의 경우</td></tr>
<tr><td>상품의 매입자는 매도자로부터 계약에 따른 일정액 수령, 매출 피해 최소화</td><td>상품 매도자는 매입자에게 계약에 따른 일정액 지급</td></tr>
<tr><td colspan="2">이상기온이 발생하지 않을 경우</td></tr>
<tr><td>매입자 날씨로부터 피해 없음상품매입에 따른 이익 발생하지 않음</td><td>매입자로부터 받은 프리미엄이 곧 이익임</td></tr>
</table>

날씨파생상품이 날씨보험이나 자연재해채권 등과 다른 점은 어떤 현상이 발생할 가능성과 그 현상의 높고 낮음에 있다. 예컨대 날씨파생상품은 어떤 현상으로부터 예상되는 위험이 낮지만(Low-Risk) 발생 가능성이 높은 경우(High-Probability)에 적합하다. 예컨대 온화한 날씨로부터의 위험을 헤지 하기 위해서는 날씨파생상품이 유용하게 활용될 것이다. 반면 허리케인과 같이 위험의 정도가 높고(High-Risk) 발생 가능성이 낮은 경우(Low-Probability)에 대해서는 날씨보험이나 대 재해 채권(Catastrophe bonds)을 활용하는 게 타당하다. 이러한 날씨파생상품은 직접 중개를 하거나 시장 조정자로서 Buyer나 Seller로 상품거래에 참여할 수 있다.

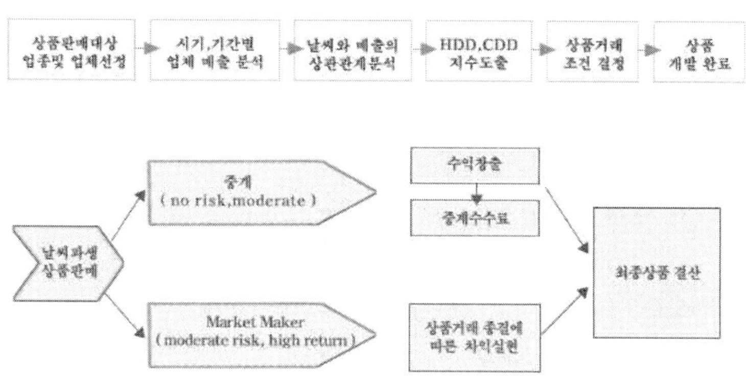

[그림 11] 날씨파생상품Process

3) 기상산업육성의 방향성

기상기술기본계획을 토대로 기존의 기상산업육성방안을 정리하면 크게 3가지로 나누어진다. 즉 삶의 질과 경제활력증진을 위한 기상서비스, 기상기술인프라의 확충 그리고 기상정보산업의 육성이 그것이다.

■ 삶의 질과 경제활력증진을 위한 기상서비스

삶의 질과 경제활력증진을 위한 기상서비스를 위한 구체적인 사업내용은 다음과 같다

첫째, 산업 및 생활기상 공급 강화이다. 이를 위해 ⓐ 초단기 대상지역 확대 및 보건기상 등 생활기상 정보 서비스 강화 ⓑ 산업

기상정보Hub 구축 및 민간예보사업 진흥을 통한 산업분야의 리스크 절감과 합리적 기업경영을 지원 ⓒ 기후변화에 대한 국민인식 증진을 위해 '21세기의 기후' 및 '세계기후뉴스' 등을 발간할 계획이다.

둘째, 기상기술 활용문화 확산 추진이다. 이를 위해 ⓐ 기상재해 경감, 기상정보의 경제적 활용확산을 위한 TV 공익광고 등 대국민 캠페인 전개 ⓑ 날씨체험캠프 등 국민교육프로그램 확대운영 ⓒ 농진청 등 유관기관 기상측기 현장검정 지원을 강화하여 관측의 질을 높이고 자료 공유 확대를 추진할 계획이다.

셋째, 기상정보 서비스체계 다변화이다. 이를 위해 새로운 미디어를 활용한 기상 정보 전파체계 구축, 언제 어디서나 쉽고 빠르게 접근할 수 있는 컨텐츠 다양화가 추진되어야 하며,

넷째, 기상 로드맵 역량 강화이다. 이를 위해 기상기술기본계획, 기상기술지도(MTRM)등의 중장기 비전이 국가과학기술위원회를 통해 레벨 업되는 것이 필요하다는 것이다.

■ 방재기상체계 등 기술혁신기반 강화

방재기상체계 등 방재기상시스템의 혁신을 위한 사업내용은 다음과 같다.

첫째, 기상분석기술 개선이다. 이를 위해 ⓐ 전국 예보관서에 디지털 기상분석시스템(FAS)을 설치하여 기상분석의 시간단축 및 고도화 추진하며, ⓑ 위성자료 등을 활용한 자료동화기술 구현 및 수치예측 가이던스의 다양화로 정량적 기상분석 역량 증진한다는 것이다.

둘째, 국민 안전을 위한 방재업무 역량 강화이다. 이를 위해 ⓐ

호우경보 선행시간 연장 개선 및 악기상 조기경보체계 구축 추진 ⓑ 시간강도 등을 고려한 특보기준(호우·폭풍) 개선 및 주간예보에서 악기상예측을 위한 대책 등이 포함된다.

■ 기상기술 인프라 확충

기상기술 인프라의 확충을 위해 장비·기술·인력의 고도화 촉진 한다는 것으로 구체적으로 살펴보면 다음과 같다.

첫째, 새로운 관측기술 도입 등 기상감시체계 개선이다. 이를 위해 ⓐ 윈드프로파일러 신설, 레이더 신규가동 및 기존 망에서의 솎아 내는 과정을 통해 정량적 입체기상감시 역량 강화 ⓑ 기상관측위성 개발 및 운영기능력 고도화, ⓒ 황사감시를 위한 국내외 네트워크 구축 및 악기상집중관측 역량확대 등이 필요하고,

둘째, 기상관련 법률체계의 정비 보강이다. 이를 위해 ⓐ 기상정책의 종합·조정 효율화, 기상기술의 표준화 촉진, ⓑ 관련법률 제개정의 정례화가 요청되며,

셋째, 인력의 전문화 고급화 추진이다. 이를 위해 ⓐ 모델링·위성분야 등 국내외 고급두뇌 유치 ⓑ 재직자 연수· 등 인력의 정예화에 역점을 두는 것이 필요하다.

■ 기상정보산업의 육성

첫째, 산업·응용기상정보의 활용 확산이다. 국민생활의 향상과 고도의 경제성장이 예견되는 미래사회에서 잘 가공된 산업·응용기상정보는 경쟁력의 중요한 요소이자 기술경제의 새로운 패러다임이 되고 있다. 고도의 지식정보사회에서 기술과 아이디어는 바로

상품이며, 곧바로 서비스에 적용됨으로써 차별적 부가가치를 창출하게 된다. 이에 부응하여 앞으로의 산업·응용기상정보는 현재의 '분석형'에서 '예측형'서비스로의 전환을 추진할 것이다.

둘째, 기상정보공급의 네트워크 활성화이다. 민간부문이 담당하는 기상정보 공급네트워크를 활성화시킬 것이다. 민간예보사업자를 통한 생활·보건·교통 등 분야별 맞춤형 기상정보의 상용화를 적극 촉진하고,

셋째, 민간기상사업의 진흥이다. 기상정보산업은 농·수산·어업을 비롯하여 제조·유통·마케팅·교통·관광·레저·스포츠 등에 이르기까지 각종 산업과 밀접한 관계에 있다. 최근 널리 알려진 날씨마케팅, 상품의 생산·출고·재고량 조절, 작업시간 조절, 에너지소비 조절을 통한 비용절감, 날씨파생상품 등 그 활용범위는 매우 다양하다. 결국은 민·관 역할분담의 원칙과 기준에 관한 세부지침을 보완하는 한편, 민간기상사업에 대한 체계적이고 전문적인 협업전략을 마련하는 것이 긴요하다고 볼 수 있다.

넷째, 국가기상자료 관리의 효율화이다. 기상자료를 체계적으로 관리함으로써 자료활용의 편의성·신속성·정확성을 높이는 과업이 존재한다.

제2절 농작물 재해보험에서의 기상산업계의 역할

1. 농작물 재해보험

1) 도입배경

최근 세계적인 기상변화로 인한 자연재해의 발생은 전지구적인 현상으로 나타나고 있다. 우리나라의 경우도 예외는 아니어서 태풍, 우박 등으로 인한 농작물피해가 크게 증가하고 있다. 이러한 자연재해에 대처하기 위해 미국, 일본 등 선진국에서는 이미 1930년 후반부터 농작물재해보험제도가 도입·시행되고 있다. 우리나라의 경우에도 '98~'99년 태풍 등으로 인한 농작물피해가 극심해지자 농가의 안정적인 소득원 유지와 경영안정을 위해 기존 재해지원대책과는 별도로 각종 자연재해의 잠재적 위험에 대비할 수 있는 제도적인 장치인 농작물재해보험제도의 도입문제가 크게 대두되었고, 이에 따라 2001년부터 농작물재해보험제도를 도입하여 시행하고 있다. 전세계적 농작물 보험시장 규모는 2030년경에 미화 610억불 규모로 보고되고 있다.12)

2) 농작물재해보험제도 도입경과

[표 10] 농작물재해보험제도 도입경과 및 주요내용

경과	주 요 내 용
벼에 대한 재해보험	재해보험도입에 대한 타당성 검토, 통계조사사업 및

12) 소방방재청,(2012-2021). 재해 연보 각년도 소방방제청, 중앙재난안전 대책본부 Spherical Insights LLP, "Global Crop insurans Market Size to grow" 2022. OCt. 03(https;//www.globalnewswire.com)

도입추진('79~ '92년)	도상연습(11개군 31개면)등을 실시하였으나, 벼 재배농가의 규모가 영세하고 벼에 대한 재해발생이 적어 보험수요가 많지 않는 등 농업인의 호응부족으로 도입하지 못함.
고추·사과에 대한 재해보험실시 검토('93~'94)	재배규모가 영세하고 생산 농업인의 보험에 대한 인식이 낮아 실시여부를 결정하지 못하였음.
사과재배 농가설문조사 ('98. 5)	설문조사결과 보험료의 50%를 국가에서 보조하더라도 가입 희망율이 37.6%에 불과한 것으로 나타났기 때문에 재해보험도입에 대한 여건이 성숙될 때까지 도입을 보류하기로 결정함.
태풍피해가 심한 지역의 사과· 배 재배 농가 설문조사 ('99. 9)	설문조사결과 보험료 50% 보조시 가입 희망율이 60%(사과 49%, 배 71%)로 나타났음. 또한 당시 자연재해발생 빈도가 많아졌고, 농가의 생산규모가 커져 전업화됨에 따라 농작물보험에 관한 농업인의 인식이 상당히 높아져 보험도입여건이 어느 정도 성숙된 것으로 판단되어 재해보험제도의 도입을 추진하게 됨.
농작물재해보험 도입준비위원회(2000. 3)	학계, 생산자단체, 농업인단체 등의 전문가 16인으로 구성된 농작물재해보험 도입준비위원회를 발족하게되었고, 4차례 회의를 개최하여 주요사항에 대해서 합의가 도출되었음.
사과배 농가 설문조사 (2000. 3)	면적별 보험료 및 피해율에 따른 보험금 수령액을 제시하여, 품목별 주산지 10개 시·군의 384농가(사과 191, 배 193)를 대상으로 설문조사 결과 50%가 가입을 희망하고 있는 것으로 나타남.
농작물재해보험 도입방안 공청회 개최(2000. 5)	농작물재해보험 도입준비위원회 및 실무작업반에서 논의된 재해보험 도입방안에 대해 농업인, 농업인단체의 의견을 수렴하기 위해 공청회 개최함.
농작물재해보험 입법예고 (2000. 9)	입법예고 등의 여론수렴과정을 거쳐 2001년 3월 시행을 목표로 총 7장 30조로 구성된 농작물재해보험법을 입법예고 함. 이 법은 보험가입자격, 보험요율 산정 방법, 보험사업자, 손해평가, 보험모집 등 보험제도 시행에 필요한 사항을 규정하고 있음.
시범지역 사과배에 대한 농작물재해보험 실시 (2001. 3)	보험제도 도입여건이 양호하고 농가의 가입희망이 높은 사과·배를 대상으로 태풍, 우박, 동상해로 인한 피해에 대해 재해보험 실시함.
농작물재해보험 포도, 단감, 감귤, 복숭아로 확대실시 (2002.3)	보험대상품목을 사과·배이외에 포도·단감·감귤·복숭아까지 확대하여 시범사업실시 피해보상 대상재해를 확대(사과·배의 경우 호우를 추가)하고 선택폭을 넓힐 수 있도록 특약제도를 도입하며 태풍·우박은 주계약, 동상해와 호우는 특약으로 하여 재해발생경험을 감안하여 농가가 선택 가입하도록 함.
농작물재해보험 전국확대 실시 발표 (2002. 9)	사과·배에 대해서는 전국으로 확대·시행할 예정으로 이에 필요한 예산 106억원 확보.

3) 농작물재해보험에 대한 개요

① 대상작물의 선정

농작물재해보험에 대한 운영에 경험이 없는 상황에서 여러 농작물에 대해 보험정책을 동시에 시행하는 것이 어려울 것으로 예상되어 농림부는 비교적 도입여건이 양호한 과수를 대상으로 보험적용 작물을 선택했다. 이러한 대상작물의 선택에는 개별작물에 대한 생산지표분석과 같은 합리적인 방법을 사용하기 위해 노력했으며 2001년 농작물재해보험제도가 처음 실시되었을 당시 사과와 배가 대상작물로 선정되었다.

- 선정기준
  - ◦ 재배농가수 : 보험료 인하를 위해 재배 농가수가 많은 작물 선택
  - ◦ 재배면적 : 호당 재배면적이 넓어 전업화가 유리한 작물 선택
  - ◦ 생산액 : 보험료 부담능력을 고려 호당 평균 생산액이 높은 작물 선택
  - ◦ 연도별 가격변동율 : 기준가격 설정가능성을 고려 연도별 가격변동율이 적은 작물 선택
  - ◦ 재배밀집도 : 위험분산을 고려하여 특정지역에 지나치게 편중된 작물은 보험실시 대상에서 배제함

② 가입방법

농작물재해보험의 경우 첫째, 가입자수가 많을수록 보험료를 낮출 수 있다는 이점이 있고 둘째, 임의가입방안을 시행할 경우 재해

안전지대의 농가는 가입을 기피하고 재해가 많이 발생하는 지역에서는 많이 가입함으로써 보험료가 높아져 가입농가의 부담이 커질 우려가 있다는 이유로 제도 도입 논의 초기에는 전체 재배농가에 대한 의무가입 또는 일정규모이상 재배농가에 대해서는 의무가입(혼합가입)으로 하여야 한다는 주장이 많았다. 그러나 의무가입 및 혼합가입은 제도가 정착되지 않은 상태에서 강력한 반발이 예상되고 또한 농작물재해보험 자체가 개인의 재산상 손해에 관한 사항이므로 의무가입으로 시행하는 것은 법적 측면에서 어려운 점이 있기 때문에 시범사업에서는 임의가입방식으로 시행하되 가입율을 높일 수 있는 인센티브 제도를 활용하는 방향으로 추진되었다.

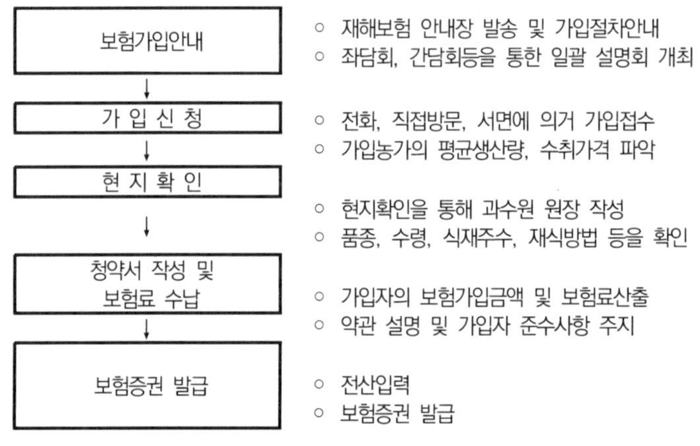

[그림 12] 보험가입절차도

③ 보험적용대상 자연재해

보험적용대상인 자연재해를 선정하는 문제에 있어 모든 재해를 대상으로 할 경우 보험료가 높아져 농가의 부담이 높아지는 문제점이 발생할 수 있고 또한 일부재해의 경우 당해 재해와 농작물피해와의 인과관계를 객관적으로 판단하는 어려움이 상존한다는 현실적 제약 때문에 보험실시 대상작물에 가장 많이 발생하는 재해를 대상으로 적용 대상인 자연재해를 선정하였다.

④ 보험실시지역

보험실시지역 역시 전국적인 실시를 주장하는 의견과 일부 주산지를 대상으로 시범실시 후 전국으로 확대하자는 의견이 제시되었다. 전국적인 실시의 경우 많은 보험가입자의 확보가 가능하고 짧은 기간 내에 보험제도에 관한 인식을 확산시킬 수 있는 장점이 있으나 시행초기에 예상되는 문제점을 보완·개선하여 보다 안정적인 보험제도 구축을 위해 작물별로 주산지를 중심으로 실시할 것을 결정하였다.

⑤ 보험운영기관

보험운영기관의 선정시 민간보험사를 활용하자는 방안이 제기되었다. 즉 농협과 민간보험사의 제휴를 통해 공동 운영함으로써 민간부분의 발달한 보험관리기법 등을 활용하자는 주장이 제기되었으나, 보험운영비 절감, 농업에 대한 지식 구비, 기존 조직의 활용 등의 장점을 들어 농협이 보험운영을 담당하게 되었다. 참고로 외국의 경우 일본은 공제조합이 보험운영을 담당하고 있고, 미국은 민간보험회사가 담당하고 있다. 캐나다의 경우에는 주정부가 보험운영 책임을 맡고 있다.

⑥ 보험금 지급기준

보험금의 지급기준이 높아질 경우 보험료가 상승하기 때문에 농가의 부담이 커지게 된다. 또한 재해발생 후에 재배관리가 소홀해지는 도덕적 해이 현상이 발생할 수 있기 때문에 적정한 지급기준의 선정은 매우 중요한 문제라고 할 수 있을 것이다.

▶ 보험금 지급 기준가격

손해평가를 통해 피해량이 확정되면 그 피해량에 해당 농작물의 가격을 곱하여 보험금을 산출하게 되는데 이때 해당작물에 적용되는 가격을 기준가격이라고 한다. 따라서 기준가격이 높아지면 보험료가 비례하여 높아질 수밖에 없다. 기준가격의 설정시 농가의 출하가격을 100% 적용하면 피해방지 노력을 소홀히 할 우려가 있고 또한 피해량 만큼 수확비용이 절감되는 점을 반영할 수 없다는 단점이 있다. 따라서 가입자가 피해액의 일정부분을 부담함으로서 적극적으로 피해방지 노력을 기할 수 있고, 피해량 만큼 수확비용이 절감되는 점을 반영 할 수 있는 방안이 요구되어 진다.

▶ 기준수확량

기준수확량은 보험 가입 농가의 평균생산량으로써 재해로 인한 피해량을 산정할 때 기준이 되는 것을 말한다. 보험금은 기준수확량과 실제 생산량과의 차이를 산출하여 보험금 지급기준가격을 곱하여 지급하게 된다. 기준수확량의 경우 지역별, 수령별 평균생산량을 기준으로 하되 농가별 재배관리, 경지조건 등을 감안하여 조정 시행하는 방안이 제시되었고, 보험운영으로 농가별로 평균생산량에 관한 자료가 축적된 이후에는 농가별 평균생산량이 적용될 것으로 보인다. 현재 정부에서는 지급기준을 평균생산량의 70%, 75%, 80%, 85%를 보장하는 상품을 실시하고 있고, 농가는 이 상품 중에서 자율적으로 선택하여 가입 가능하다.

• 보장수준 70%

사과 2,000평에서 연간 10,000㎏을 생산하는 농가가 70%의 피해를 입은 경우

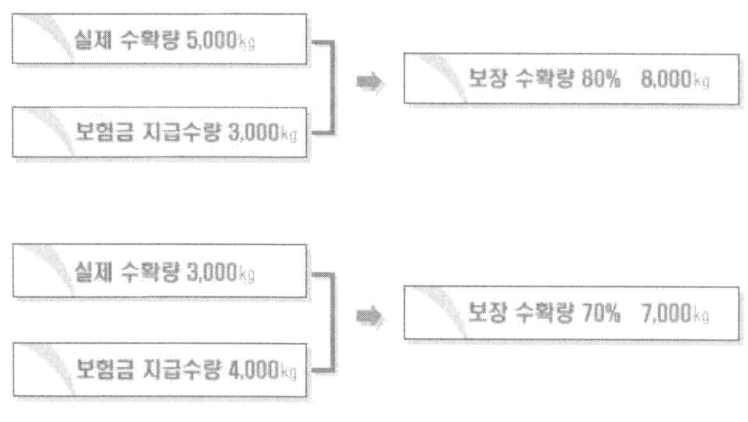

[그림 13] 보장수준

• 보장수준 80%배 2,000평에서 연간 10,000㎏을 생산하는 농가가 50%의 피해를 입은 경우

⑦ 손해평가

농업재해는 동시다발적으로 발생하여 단기간에 많은 손해평가 인력이 소요되는 특성이 있으므로 전업농가를 손해평가에 참여시키는 것이 바람직할 수 있다.[13] 이는 민간에서 확보하고 있는 손해평가인원으로는 동시다발적으로 발생하는 농작물재해보험 분야에 신속히 투입하기가 어려움이 따르기 때문이다. 그러나 보험원리상 계약대상자가 손해평가에 참여하는 것은 부적합하다고 볼 수 있다. 따라서 절충안으로 해당 작물을 재배하는 전업농가를 손해평가반에 참여시켜 보험운영자와 공동으로 손해평가 실시하는 방안을 채택하였다.

- 손해 평가인 자격요건
  - ◦ 농업인 : 보험대상농작물을 5년 이상 경작한 경력이 있는 자
  - ◦ 관계전문가
    - 공무원으로서 농촌진흥청 또는 지방자치단체에서 농작물재배분야에 관한 연구 또는 지도업무를 5년 이상 담당한 경력이 있는 자
    - 교원으로서 농업계 고등학교에서 농작물재배분야 관련 과목을 5년 이상 교육한 경력이 있는 자
    - 고등교육법 제2조의 규정에 의한 학교의 전임강사 이상의 직에서 농작물재배 관련학을 3년 이상 교수한 경력이 있는 자

---

13) 강부식, “한국형 자연 재난 피해 추정 시스템의 필요성 및 구축방향”, 물과 미래 Vol. 45, no. 12. 2012년 12월.
보험개발원, 기사예측의 불확실성을 고려한 신규보험상품 개발 및 적용 방안 연구. 2019년 11월

• **위촉 및 교육**

◦ 가입자 20명당 1명의 비율로 손해평가인 위촉

◦ 조합장이 농협중앙회에 요청하여 위촉

◦ 3월 중 보험약관 등 보험기초지식, 손해평가 요령 등에 관해 교육 예정

◦ 손해평가 시 수당 지급

- 손해평가는 3명을 1조로 구성해서 시행
- 공정성을 확보하기 위하여 가급적 거주하는 읍·면·동 이외의 지역의 손해평가를 담당

• **기존제도의 문제점**

◦ 임시적인 손해평가제도임

◦ 기상변수가 고려 안 됨.

⑧ 보험료에 대한 정부지원

농작물재해보험은 가입자가 전국에 산재되어 있어 보험모집, 손해평가 등 일반 보험보다 비용이 많이 소요되는 특수성이 있기 때문에 일반 보험보다 보험료가 높은 것이 현실이다.[14] 따라서 농가에게만 보험료를 부담시킬 경우 농가부담이 너무 커지므로 정부지원이 필요한 실정이다. 따라서 농가의 보험료부담을 완화하기 위하여 보험료의 50%를 지원하고 보험운영기관의 운영비에 대해서는 70%를 정부에서 지원하고 있다.

---

14) 이승수, 조홍동 (2007) "풍수해 피해 예측 평가도구의 소개", 한국지반 환경공학회지, 7,3. 한국지반환경공학회

⑨ 보험료 및 보험금 산출방법의 예시

[표 11] 보험료 및 보험금 산출방법 예시

사과 2,000평을 재배하는 농가를 대상으로 산출함
□ 연간 평균수확량 : 14,000Kg
□ 판매가격은 1Kg당 1,100원
□ 총판매금액 15,400천원 (14,000Kg×1,100원)

•가입금액 : 970만원

◦ 가입금액은 보험금을 지급 받을 수 있는 최고금액으로 수확량이 전혀 없을 때 지급되는 금액임

◦ 계산방법 : (연간평균수확량×70%)×(농가가 출하할 때 받는 가격×90%)

[표 12] 가입금액 계산방법 예시

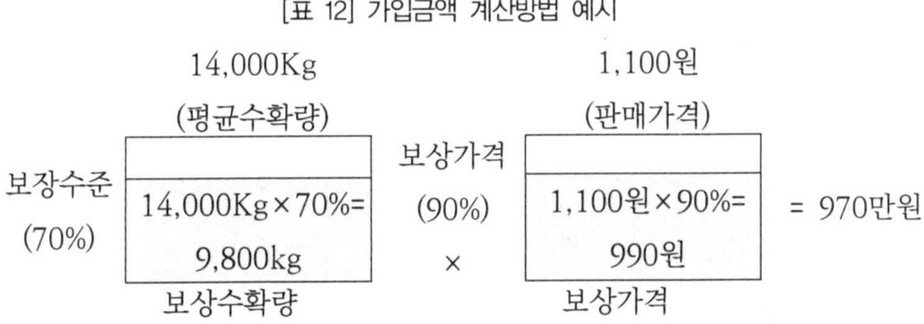

- 보상수확량 : 14,000Kg(평균수확량)×70%(보장수준)= 9,800Kg
- 보상 가격 : 1,100원(판매가격)×90%(적용가격) = 990원
- 가입금액 : 9,800kg×990원 = 9,702,000원

•가입시 납입하는 보험료 : 187천원

◦보험료는 연1회 납입하는 금액임

◦계산방법 (가입금액×보험요율×정부지원 50%)

[표 13] 납입 보험료 계산 예시

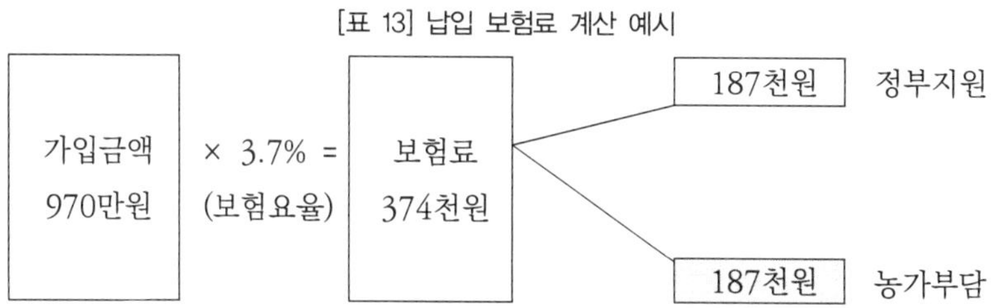

◦ 보험료 : 970만원(가입금액)×3.7%(보험요율) = 374천원

◦ 정부지원 : 374,000원 × 50% = 187천원

◦ 본인부담 : 374천원 - 187천원 = 187천원

• **보험료 부담액은 재배면적, 수확량, 판매가격에 따라 비례하여 책정 됨**

◦ 재배면적, 수확량, 판매가격이 높아지면 보험료도 높아짐

◦ 재배면적, 수확량, 판매가격이 낮아지면 보험료도 낮아짐

• 재해발생시 수령하는 보험금

[표 14] 재해발생시 수령하는 보험금액 예시

실제수확량(A)	10,000Kg (29%감수)	7,000Kg (50%감수)	4,000kg (71%감수)
보장수확량(B)	9,800Kg		
보상수확량(B-A)	0Kg	2,800Kg	5,800Kg
보험금	없음	280만원	574만원
판매수입	1,100만원	770만원	440만원
총수입	1,100만원	1,050만원	1,014만원
계산방법		2,800kg(지급대상) ×990원(보장가격)	5,800kg(지급대상) ×990원(보장가격)

• 보상수확량 산출 방법

[표 15] 보상수확량 산출방법

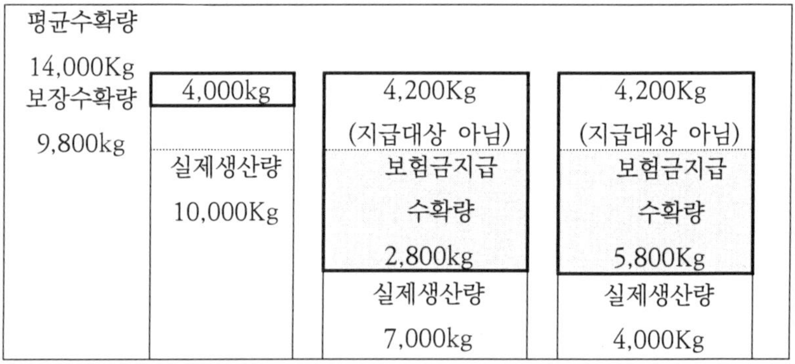

평균수확량 14,000Kg 보장수확량 9,800kg	4,000kg 실제생산량 10,000Kg	4,200Kg (지급대상 아님) 보험금지급 수확량 2,800kg 실제생산량 7,000kg	4,200Kg (지급대상 아님) 보험금지급 수확량 5,800Kg 실제생산량 4,000Kg

※ 1. 보장수확량 : 14,000Kg(평균수확량)×70% = 9,800kg

2. 보상(보험금 지급)수확량 : 9,800Kg(보장수확량) - 실제 수확량

⑩ 보험금 지급절차

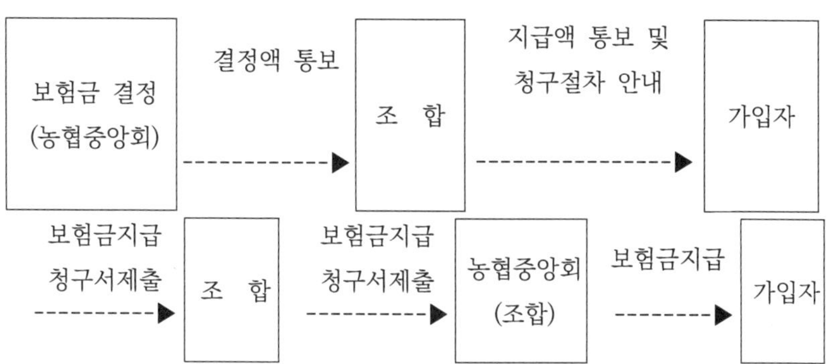

〈그림 14〉 보상 프로세스

〈표 16〉 기 시행제도

구분	2001년 시행	2002년 시행
○ 대상품목	○ 사과, 배	○ 사과, 배, 포도, 단감, 감귤, 복숭아
○ 대상재해	○ 태풍, 우박, 동상해	○ 사과·배 - 태풍, 우박, 동상해, 호우 ○ 포도·단감·감귤·복숭아 - 태풍, 우박, 동상해 * 태풍·우박은 주계약, 동상해·호우는 특약
○ 보장수준(상품)	○ 70%보장형, 80%보장형	○ 70%, 75%, 80%, 85%
○ 보험료납입방식	○ 가입시 전액 납입(일시납)	○ 2회분납제도 도입 - 가입시 70%, 5.31일 30%
○ 보험가입단위	○ 농가소유 전과수원가입	○ 농가소유 일부 과수원가입가능 * 과수원 경계가 명확하게 설정된 경우에 한함
○ 보험요율적용	○ 시도단위로 적용	○ 태풍·우박은 시·군단위, 동상해·호우는 시·도단위
○ 보험료	○ 할인대상시설	○ 할인대상시설

할인대상방재 시설 및 할인율	- 덕시설, 방풍망, 방상팬, 서리방지용스프링쿨러, 방풍림	- 덕시설, 방풍망, 방상팬, 서리방지용스프링쿨러, 방풍림, Y자형시설, 지주, 비가림시설(포도), 바닥비닐멀칭(포도 ○ 할인율 상향조정 - 방충망(15→20), 덕시설(10→15)
○ 정부지원	○ 순보험료 30%, 운영비 50%	○ 순보험료 50%, 운영비 70%

2. 농작물재해보험에 있어서 민간 기상회사의 역할

1) 보험회사와의 공동 마케팅을 통한 수익창출

현재 유통경로 수준에 있는 기업들이 자본, 생산, 마케팅기능 등을 결합하여 각 기업의 경쟁우위를 공유하려는 추세가 있는데, 이를 수평적 마케팅시스템(horizontal marketing system)이라고 하며 수평적 마케팅시스템에 의한 마케팅을 공생적 마케팅(symbiotic marketing)이라고 한다. 이러한 공동마케팅이 보험업계와 기상업계와 가능하며 또한 필요한 것으로 보인다. 왜냐하면 최근 들어 손해보험업계에서 가장 큰 이슈로 떠오르고 있는 것이 날씨보험이다. 날씨보험은 특별한 날씨 요소로 인해 발생할지도 모르는 손실에 대비하기 위해 보험에 가입, 날씨로 인한 손실이 발생할 경우 일정액의 비용을 보상받는 상품을 말한다. 이러한 날씨보험은 특히 선진국에서 1980년대 초부터 일반화된 보험 상품의 하나로 폭넓게 활용되고 있다. 농작물 보험 역시 날씨로 인한 농작물에 대한 피해를 보상해 주는 기능을 하고 있다. 이처럼 보험업계에서 날씨정보에 대한 중요성은 날로 커져가고 있다. 따라서 날씨정보라는 이해관계를 공유하고 있는 보험사와 기상업체는 마케팅 등의 노하우와 자원을 상호 제공하여 서로의 이익을 추구할 수 있을 것으로 보인다. 두 업체간에 주력사업 분야에서 상호 보완적인 강점을 이용해 경쟁력을 제고할 필요성이 점차 커져가고 있으며 특히 인접분야간에 컨소시엄을 구성하게 되면 사업의 범위도 한층 넓힐 수 있고 업체간의 윈-윈 관계를 형성할 수 있을 것이다.

2) 손해평가업무

민간기상업체 직원으로서의 기상재해평가인 제도를 고려할 수 있다.15)

[표 17] 미국과 한국의 피해 산정인 제도 비교

	미국	한국
소속	농작물재해보험회사	기상산업체(예보업체 국한 안 됨)
임금	저임금	저임금을 피하도록 설계
대상자	농업지역에서 생활한 농업경험자(고령자)	젊은 농촌지역 인구대상 장점 1. 이농에 대한 대책 2. 고용창출
자격증	없음(이유 : 상대적으로 저소득직이므로)	자격증화 비고 1. 전문화위해필요 2. 기상산업육성법에 준거함 3. 민간협회에서 자격기준결정

15) 최승완 외 3인, "다차원 홍수피해 산정법", 한국수자원학회 논문집 제 39권 1호 2006년 1월

제4장 기상 기후 재해 대비 서비스업을 위한 델파이 분석

제1절 델파이 설문 방법론에 대한 이론적 배경

1. 델파이 방법의 특징

델파이방법(이하 델파이)은 전문가 그룹의 활용에서 단점을 극복하고 장점을 취하는 방법이다.16)

1) 개념

델파이기법은 한 나라의 연구수준이나 미래의 특정시점을 예측하는 경우, 특히 현재의 상태에 대한 일반화표준화된 자료가 부족한 경우, 전문가적인 직관을 객관화하는 예측의 방법으로 많이 사

---

16) 전문가 그룹을 활용할 경우 그룹 전체가 확보할 수 있는 정보량이 최소한 개인이 확보하고 있는 정보량보다 많으며, 그룹이 검토할 수 있는 기술혁신 결정요인의 數가 한 전문가가 생각할 수 있는 요인의 數보다 많다는 장점이 있다. 그러나 단점으로는 첫째, 그룹 전체가 개인보다 더 많은 잘못된 정보를 보유할 수 있으며 둘째, 어느 개인이 대다수의 구성원의 생각이 틀렸음을 알고 반대할 때 대다수의 의견에 동의하도록 압력을 받게 되며 셋째, 그룹 활동에서는 합의도출이 유용하고 합리적인 기술예측 결과를 만들어 내는 것보다 중요하게 간주되는 경향이 있으며 넷째, 논쟁에 적극적으로 참여하며 정력적으로 자기의 생각을 밀어붙이고 설득력이 강한 개인이 부당하게 그룹의 토의에 영향을 미칠 수 있으며 다섯째, 그룹 전체가 편견을 공유할 수 있다 (Martino, 1993, pp. 16-17).

용되어지는 기법이다. 다시 말하면 본 연구의 예측조사의 방법으로 사용되는 델파이기법은 내용이 아직 알려지지 않거나 일정한 합의점에 달하지 못한 내용에 대해 다수의 전문가의 의견을 자기기입식 설문조사방법이나 우편조사방법으로 표준화와 비표준화 도구를 활용하여 수회에 걸쳐 피드백(feedback)시켜 그들의 의견을 수렴하고 합의된 내용을 얻는, 소위 전문 집단적 사고를 통하여 체계적으로 접근하는 일종의 예측에 의한 정책분석 방법이라고 볼 수 있다. 델파이기법과 똑같지는 않지만 의도적인 면에서 비슷한 방법으로 이루어지는 브레인스토밍이 있다.

2) 어원 및 역사적 전개

델파이기법의 어원은 고대 그리스 아폴로 신전인 델파이 신전에서 나왔다. 델파이 신전은 그 시대 가장 존경받는 성지이었으며, 아폴로는 젊음과 완벽한 미로 유명하며, 미래를 통찰 할 수 있는 능력을 가진 신으로 알려져있다. 델파이라는 말은 미국 RAND 연구소의 철학자 Kaplan 에 의해 고안되었고, 1950 년 대 Helmer, Dalkey 와 Douglas 사의 Gorden 등이 국방성의 요청에 따라 미국에 대규모 원자탄 공격이 가해졌을 경우 예상되는 효과를 평가할 목적으로 델파이기법을 개발하였다. 델파이기법은 전통적인 회의식기법이 갈등이 심하고 토의 분위기에 영향을 받아 주관적 판단을 흐리게 된다는 비판위에서 대두되었다.[17]

---

17) https://www.rand.org/topics/delphi-method.html 미국 RAND 연구소 사이트를 참조할 것

1950년에서 1963 년까지 14 개의 델파이 연구가 진행되었으나 연구가 군에서 이뤄짐으로써 그 결과는 베일에 가려져있었다. 1963 년 처음으로 델파이법을 기술한 논문이 발표되었고, 1964 년 Gordon 과 Helmer 에 의해 "장기예측에 관한 연구보고서(Report on a longrange forecasting study)"가 출간되면서 델파이기법은 전세계적인 관심을 불러 일으켰다.

델파이기법은 1960 년대 중반부터 산업계의 기술발전을 예측하는데 광범하게 활용되기 시작하였고, 그 후 미래예측뿐만 아니라 조직의 목표설정 및 정책수립에 이르기까지 적용 영역이 확대되었으며, 정부나 기업, 학술 연구 등에서 가장 대표적인 비계획적 예측방법으로 널리 활용되고 있다.

3) 특징

델파이기법은 논리적이고 체계적인 분석보다는 전문가의 의견에 따라 정책결정이 이루어지는 경우가 대부분인 현실의 상황에서 볼 때, 그 어떤 방법보다도 논리적이며 객관적으로 체계적인 분석을 수행하고, 수차례에 걸쳐 피드백 시킴으로써, 다수의 전문가들의 의견을 종합하여 보다 체계화객관화시킬 수 있는 매우 유용한 기법이다.

델파이기법은 각 전문가들에게 개별적으로 설문서와 그 종합된 결과를 전달회수하는 과정을 거듭함으로써 독립적이고 동등한 입장에서 의견을 접근해 나갈 수 있도록 하려는 것이다.

따라서 설문서의 응답자는 철저하게 익명성이 보장되므로 외부적인 영향력으로 결론이 왜곡되거나 표현이 제한되는 예가 매우 적다.[18] 또한, 통제된 피드백(feedback) 과정을 반복하기 때문에 주제에 대한 계속적인 관심과 사고 촉진종합된 의견의 전달은 질문서에 대한 답을 집계하는 형식으로 이루어지게 된다. 따라서 통계적으로 의견을 처리하여 제시함으로써 그룹 내의 의견 차이 정도를 보여주고, 강한 소수의견에 대해서도 내용을 파악할 수 있도록 해준다. 하지만 질문서에 의지하는 경향이 나타나므로 질문서 자체가 잘못되면 델파이조사 자체가 잘못될 수 있는 결정적인 문제점도 가지고 있다.

4) 델파이 설문 빙밥론의 유형

(1) 델파이기법의 종류

① 전통적인 델파이기법: 일반 델파이라고도 한다. 미지의 값을 예측하는 델파이기법으로써 특정 사안이 야기될 시점이나 그것이 성취될 수 있는 가능성을 조사하는 수량적 델파이기법과 가깝다. 이와 같은 델파이기법의 주요 목표는 어떤 사안에 대해 수량적 예측을 최대한 구체화하는 것이다.[19]

② 정책 델파이기법: 델파이기법의 기본 논리를 이용하여 정책문제 해결을 위해 정책대안을 개발하고 정책대안의 결과를 예측하기 위해서 전문가나 정책결정자가 심각하게 생각하지 못했거나 미처 생각하지 못한 것들을 주관적인 입장에 있는 정책관련자에게 서로 대립되는 의견을 표출하게 하고 점검

18) 류지성 정책학 대영문화사 2014

19) Nabin Chowdhury et.al., "Modeling effective cybersecurity training frameworks: A delphi method-based study", Computers & Security Volume 113, February 2022,

하는 방법이다. 그리고 정책델파이기법은 정책이나 의사결정을 위한 메카니즘이 아니라 정책이슈를 분석하기 위한 도구이며 의견개진을 위한 방법이다. 따라서 전통적인 델파이기법과는 많은 차이를 보인다.

③ 의사결정 델파이기법: 어떤 현실을 보기 위한 것이 아니라 현실을 창조할 목적으로 이루어지는 의사결정의 도구로써 활용되는 델파이기법이다.

* 전통적(일반) 델파이기법과 정책 델파이기법의 차이점 구분 전통적(일반) 델파이기법 정책 델파이기법 개념 일반 문제에 대한 예측 일반 델파이를 정책문제에 도입한 것 대상자 일반 전문가를 대상자로 선정 정책전문가와 정책관계자를 대상자로 선정 익명성 철저한 격리성과 익명성 보장 선택적 익명성 보장 (중간에 상호교차 토론허용) 분석 방법 의견의 평균치(중간치) 중시 극단적이거나 대립된 견해도 존중하고 이를 유도

(2) 전문가의 선정기준[20]

델파이기법에 있어서 전문가 선정에 대한 문제는 매우 중요한 문제이다. 원래 델파이기법이 전문가적 직관을 객관화된 수치로 나타내는 방법이기 때문에 조사에 참여한 전문가의 자질은 매우 중요시 될 수밖에 없는 것이다. 이에 따라, 전문가의 선정 기준으로는 다음과 같은 기준들이 제안되고 있다.

① 전문가들은 응답을 하는 데에 필요한 필수적 지식을 적어도 평균적인 수준 이상을 갖고 있어야 한다.

---

20) 이종성 델파이 방법 교유과학사 연구 방법 21 2001

② 조사에 참여하는 전문가들은 지리적으로 골고루 퍼져 있어야 한다.

③ 전문가들은 합리적이고 객관적이며 편향되지 않은 사고를 할 수 있어야 한다.

④ 전문가들은 조사에 열성적으로 참여하여야 한다.

⑤ 전문가들은 델파이 과정에 소요되는 수 주일간의 시간을 낼 수 있어야 한다.

(3) 델파이기법의 단계

① 관련 분야 전문가 집단 구성: 알고자 하는 내용에 대해 가장 잘 알고 있으리라고 믿어지는 전문가를 30 명에서 최고 100 명까지 선정하여 패널을 구성한다.

② 1 차 질문: 구성된 패널을 통해 개방형 질문을 하여 그들의 견해를 모두 나열함으로 가능한 많은 자료를 수집분석하여 항목으로 구성, 폐쇄형 질문지를 만든다.

③ 2 차 질문: 이 폐쇄형 설문지를 동일 대상자에게 보내는 2 차 질문을 실시한다. 이 때는 문항에 점수를 주거나 중요도를 측정하여 일정수의 중요 문항을 선택하게 한다.

④ 3 차 질문: 수집된 결과를 항목별로 종합하여 전문가 전체의 항목별 도수, 평균, 또는 표준편차 등을 제시하여 다시 동일 집단에게 보내어 중요 문항을 선택하게 한다.

⑤ 4 차 질문피드백: 셋째 단계의 결과를 가지고 면담을 실시한다. 이와 같은 방법으로 전문가들 사이에 어떤 합의점을 찾을 때까지 여러 차례의 설문을 통하여 최종 결과로 얻는다.

7) 장점 및 한계

(1) 장점

① 편향된 토의에 쏟는 시간과 노력의 낭비를 줄일 수 있다.

② 연구자에 의해 통제되기 때문에 초점에서 크게 빗나가지 않는다.

③ 시간적경제적(회의비체제비여건비 등)으로 절약할 수 있다.

④ 협의회 보다 시간빈도 등이 덜 제약 받는다.

⑤ 다수의 전문가 의견을 수렴, 피드백(feedback) 할 수 있다.

⑥ 익명성이 있고 독립적이기 때문에 자유롭고 솔직한 전문가의 의견을 들을 수 있다.

⑦ 몇몇 사람의 의견이나 분위기에 말려 휩쓸리지 않는다. 또한 체면이나 위신에 의해 다른 결정을 하지 않는다.

(2) 한계

① 질문지 조사방법 자체에 결함이 있을 수 있다. 또한 문제가 참여자들에게 맡겨 만지기 때문에 문제의 확실한 속뜻을 알기가 어렵다.

② 다른 질문지와 마찬가지로 회수율이 높지 않다. 조사가 1· 2 · 3 · 4 반복되어감에 따라 회수율은 점점 낮아지게 된다.

③ 반복적 조사이기 때문에 조사를 끝내려면 장기간이 필요하다. 단기간의 조사는 용이하지 않다.

④ 문제와 처리 결과를 직접 주고받을 수 없다.

⑤ 통계적 처리 결과에 무의식적으로 따라갈 수 있다.

⑥ 현재성을 중시하는 현대인에게 미래에의 무관심을 나타내게 할 수 있다.

⑦ 한두 가지의 확신만을 가지고 미래를 볼 경우, 미래를 단순화 할 수 있다.

⑧ 전문가들이 과도한 확신으로 환상적이거나 체제 전체를 판단 못하게 할 수 있다.

⑨ 조작적 가능성도 가지고 있다.

⑩ 참여 전문가들이 설문에 대하여 신중하지 못할 수 있다.

⑪ 델파이조사에 의한 예측 연구는 불확실한 상황을 연구대상으로 삼고 있다는 기본적인 한계를 가지고 있다.

2. 델파이의 실제 수행과정

델파이는 일련의 설문을 통해 전문가그룹에게 질문하는 방법이다. 델파이 예측은 일반적으로 4라운드의 설문을 통해 수행되나 여기서는 국제비교분석에 사용된 2-라운드 미니 델파이를 소개한다.

1) 제1라운드

각 전문가는 각 기술 과제가 실현되는 시기를 예측하도록 요구받는다. 이러한 예측치는 총괄수행자에게 반송되고 총괄수행자는 중위수, 극단치 그리고 출현이 불가능하다고 답변한 응답의 수 등을 표로 만들어 각 전문가에게 반송한다.

2) 제2라운드

각 전문가는 그가 예측한 기술의 실현시기를 그룹의 예측치 분포와 비교 검토하고 다시 예측을 하도록 요구받는다. 총괄수행자는 1, 2라운드에서 회수된 예측치의 중위수와 4분위수범위를 표로 만들고 이때 제시된 모든 주장과 의견을 정리하여 첨부한다.

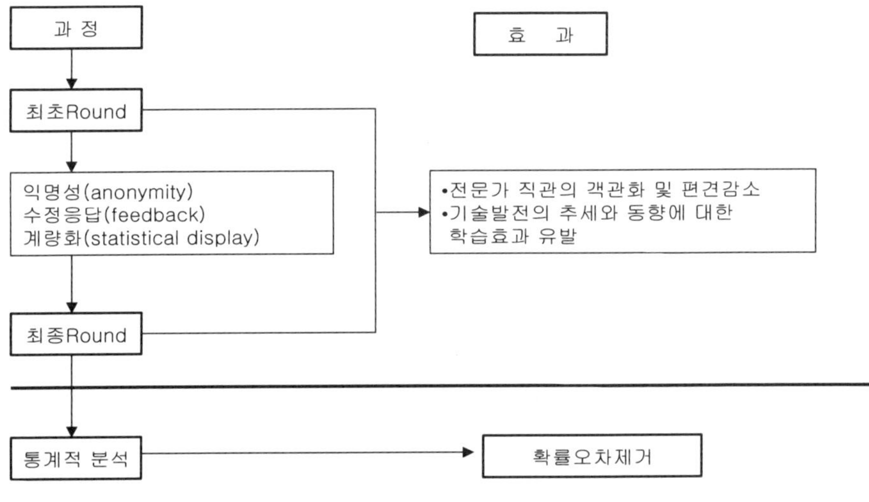

〈그림 15〉 델파이 절차도

3. 사례 1: 정보통신기술예측 국제비교

1) 예측자료의 활용 사례

○ 첫째는 「한국의 미래기술(1995~2015)」이다. 동보고서는 과학기술정책관리연구소가 1993년 8월에 착수하여 1994년 9월에 완료한 제1회 과학기술 장기예측연구의 결과이다. 이중 정보통신분야에서는 278명의 전문가가 총 125과제에 대해

델파이를 이용해 예측한 바 있다.

○ 둘째는 일본의 「제5회 기술예측조사」이다. 동 보고서는 일본의 미래공학연구소가 1993년 수행한 종합적인 과학기술조사 예측의 결과로서 1971년 이래 5년마다 발간되는 장기기술 예측보고서이다. 이중 정보통신분야에서는 260명의 전문가가 171과제에 대하여 예측하였다.

○ 셋째는 독일의 「과학기술에 대한 독일의 델파이 보고서」이다. 1993년 프라운 호우퍼의 시스템·혁신연구소(ISI)에서 일본의 「제5회 기술예측조사」와 같은 방법과 설문을 사용하여 독일 전문가를 대상으로 델파이 예측을 실시한 결과이다. 이중 정보통신분야에서는 총 152명의 전문가가 172과제에 대해 예측하였다.[21]

○ 넷째는 프랑스의 「과학기술에 대한 델파이 조사 보고서」이다. 1994년 프랑스의 SOFRES가 독일과 마찬가지로 일본의 「제5회 기술예측조사」와 같은 방법과 설문을 사용하여 프랑스 과학기술자를 대상으로 델파이 예측을 실시하였다.

상기 4가지 예측조사에서는 모두 2회에 걸친 미니 델파이 방법을 사용하였다.

2) 기술과제의 선정

○ 본 연구는 전술한 4가지 예측조사자료에서 정보통신기술분야내의 12분야, 172과제 중 한국·일본·독일·프랑스의 비교분석이

21) https://www.fraunhofer.kr/

가능하고, 출현시기의 중위수가 2010년 이내의 과제를 중심으로 중요도가 높고 파급효과가 큰 10분야, 31과제를 선정하였다.

3) 기술혁신단계의 설정

○ 기술혁신과정은 기술적 아이디어 또는 과학적 원리로부터 출발하여 필요한 지식을 획득하고 이용가능한 제품과 공정으로 변환, 사회에 도입·채택되어 그 영향이 상당해질 때까지의 확산·보급 등을 포함한다. 따라서 기술의 미래를 전망하기 위해서는 특정시점까지 기술혁신의 어느 단계에 도달하는지를 명확히 기술하는 것이 필요하다. 전술한 예측보고서들은 기술혁신단계를 다음과 같이 4단계로 구분하고 있다:

- 원리해명 : 원리나 현상이 과학적으로 명백히 밝혀진다.
- 개 발 : 기술적인 면에서의 문제가 해소되는 시기로서 예를 들면 시작품 제1호가 완성되는 시기를 말한다.
- 실 용 화 : 경제적인 면을 고려하여 실제로 사용이 시작되는 시기로서 국내에서 상품화 또는 기업화의 초기 단계를 말한다.
- 보 급 : 실용화되어 널리 일반에 사용되는 것을 말한다.

4) 예측년도의 해석

○ 델파이 예측에서 전문가들은 20xx년까지 5년 단위로 구분된 구간 중 하나를 택하였다. 예측결과분석의 편의상 5년 기간 내에서 전문가들의 예측시기 응답분포는 연도마다 균일한 것

으로 가정하였다. 즉, 구간 내에서는 연도별로 동일한 수의 전문가가 답한 것으로 하였다.

○ 델파이 예측결과에서 대표적으로 사용하는 예측 년도는 바로 중위수를 가리킨다. 이는 설문에 참여한 전문가가 특정기술에 대해 1/2은 중위수년도 이전에 실현될 것으로, 1/2은 그 이후에 실현될 것으로 예측한 것을 말한다. 또한 개략적으로 1/2의 전문가가 중위수년도 전후 4~5년 내, 즉 4분위 수 범위에 기술이 실현될 것으로 전망하고 있다. 전술한 예측자료에서 15년 이상의 장기예측의 경우, 실현시기의 분포가 꽤 넓은 것으로 나타나 그 만큼 합의유도(consensus building)가 쉽지 않음을 알 수 있다. [22)]

○ 과제별 예측 년도는 각국별로 2가지가 제시되었다. 상단의 예측 년도는 응답자전체의 중위수를 나타내며, 하단은 응답자중 전문도가 높은 전문가의 예측 년도 중 중위수를 나타낸다. 본 연구에서는 과제별로 대표적인 예측 년도를 제시할 때는 바로 전문도가 높은 응답자의 중위수인 하단의 연도를 사용하였다. 그 이유는 정보통신기술의 발전속도가 빨라 전문가들이 아니면 그 기술변화의 내용을 파악하기 어렵다고 판단했기 때문이다.

---

22) Muataz Hazza Al Hazza, Alaa Abdelwahed, Mohammad Yeakub Ali, Atiah Bt. Abdullah Sidek "An Integrated Approach for Supplier Evaluation and Selection using the Delphi Method and Analytic Hierarchy Process (AHP): A New Framework", International Journal of Technology (IJTech) Vol 13, No 1 (2022)

제 2 절 기후변화 적응 연구/ 정책에서의 델파이 설문의 활용 예

1. 기후 변화 적응 부문에서의 활용

지자체의 기후변화적응능력 평가를 위하여 7개분야에서 GIS 기반의 지도에 표출할 수 있는 취약성 지도와 지자체에게 의미있는 대안을 제시하는 데에 델파이 설문이 활용될 수 있다. 7개 분야의 지자체 취약성은 기후노출, 민감도, 적응능력에 대한 가중치와 각 대용변수 내의 세부 대용변수에 대한 가중치를 구하기 위하여 전문가 델파이 조사를 실시할 수 있는데,[23]

○ 총 7개 부문에 대하여 각 부문 별로 00명의 전문가 리스트를 도출하고 해당 부문 전문가에 대하여 델파이 조사를 실시하고

○ 총 2회의 델파이 조사를 계획하였으며, 현재까지 1차 델파이 조사를 실시하고

○ 본 연구에서의 델파이 설문의 예는 7개 분야 중 하나인 재해분야의 경우를 사례로 아래와 같이 표로 요약될 수 있다.

○ 먼저 재해 분야의 세부 항목이 정해지면, 각 세부 항목에 대해 기후노출, 민감도, 적응능력에 대한 가중치를 델파이 설문을 통해 질의 할 수 있다.[24]

---

23) 우리 나라 기후변화의 경제학적 분석, 한국환경정책 평가연구원 2012

① 기후노출, 민감도, 적응능력 가중치

〈표 18〉 기후노출 민감도 1

세부항목	대용변수	가중치 합	가중치 (델파이 1차조사)
홍수	기후노출	100	42
	민감도		29
	적응능력		29
폭염	기후노출	100	43
	민감도		19
	적응능력		38
폭설	기후노출	100	40
	민감도		33
	적응능력		27
해수면 상승	기후노출	100	43
	민감도		26
	적응능력		31

○ 이어서 세부 항목의 대용변수 목록을 각 분야 연구진들이 준비하고, 이를 델파이 설문을 통하여 질의 하여 1차 델파이 값을 평균과 표준편차를 얻는다.

○ 1차 결과를 바탕으로 하여, 2차 델파이를 실시하며, 2차 값을 통합 모델에 대입하는 방법으로 지자체 취약성 값을 도출케 되며.

○ 7개 분야 모두 동일한 방법으로 세부 항목과 항목별 대용변수 도출, 델파이를 통한 가중치 값을 구함. 기존의 타 델파이 방법에 비하여, 2단계로 가중치를 구한 점은 본 연구의 특성

24) Luca Sforzini et. al. "A Delphi-method-based consensus guideline for definition of treatment-resistant depression for clinical trials", Molecular Psychiatry volume 27, pages1286-1299 (2022)

상 계서적(cascading)으로 대용 변수를 구체화 하는데서 나타난 자연스러운 결과치이다.

〈표 19〉 기후 노출 민감도 2

세부항목	대용변수	대용변수별 가중치	변수목록	가중치
				델파이 1차조사
홍수	기후노출	100	연평균 80㎜/일 이상 강수일수	45
			연평균 일최대강수량(㎜)	55
	민감도		도로면적	19
			수도공급설비면적	9
			전기공급설비면적	9
			가스공급설비면적	6
			열공급설비면적	6
			유류저장및송유설비면적	6
			하수도면적	35
			수질오염방지시설면적	10
	적응능력		1인당 지역내총생산(GRDP)	28
			1인당 공무원수	17
			하천개수율(하천개수연장/요개수연장)	55
폭염	기후노출	100	연평균 일최고기온 33℃ 이상 일수	66
			연평균 일최저기온 25℃ 이상 일수	34
	민감도		도로면적	100
	적응능력		1인당 지역내총생산(GRDP)	30
			1인당 공무원수	15
			1인당 녹지면적	55
폭설	기후노출	100	연평균 적설량	100
	민감도		도로면적	59
			철도면적	26
			공항면적	15
	적응능력		1인당 지역내총생산(GRDP)	56
			1인당 공무원수	32
해수면 상승	기후노출	100	연평균 조위상승률	61
			연평균 해수온상승률	39
	민감도		도로면적	23
			항만면적	61
			수질오염방지시설면적	16
	적응능력		1인당 지역내총생산(GRDP)	24
			1인당 공무원수	15
			방조설비면적	61

제 3 절 에너지 분야에 대한 활용

델파이 분석의 다른 활용 예로 에너지 분야에 대한 수요 조사를 들 수 있다. 하단의 박스안의 설문은 신 에너지원으로 불리는 00 에너지에 대한 전문가 설문 조사의 예인데, 다른 분야에 대한 응용이 가능하다.[25)]

〈표 20〉 에너지 분야 활용 예

조사결와		1 Round		2 Round	
설문번호	설 문 내 용	평 균	표준편차	평 균	표준편차
Q.1	신에너지가 우리나라 주요 에너지원의 비중이 20%로 도달하는 시기[26)]	2041.75	6.54	2041.39	6.60

25) Sudhir Kumar, Pathaka1Vikram, SharmaaSandesh S.Chougulea, Varun Goelb ,"Prioritization of barriers to the development of renewable energy technologies in India using integrated Modified Delphi and AHP method", Sustainable Energy Technologies and Assessments Volume 50, March 2022,
Sikandar Ali et. al. (2022). Evaluation of drivers and barriers of wind power generation in Pakistan : SWOT-Delphi method. In: International Journal of Energy Economics and Policy 12 (2), S. 342 - 348",
https://econjournals.com/index.php/ijeep/article/download/12768/6690/30028

26) Ming-Lang Tseng et.al., "Validating green building social sustainability indicators in China using the fuzzy delphi method", Journal of Industrial and Production Engineering Volume 40, 2023 - Issue 1

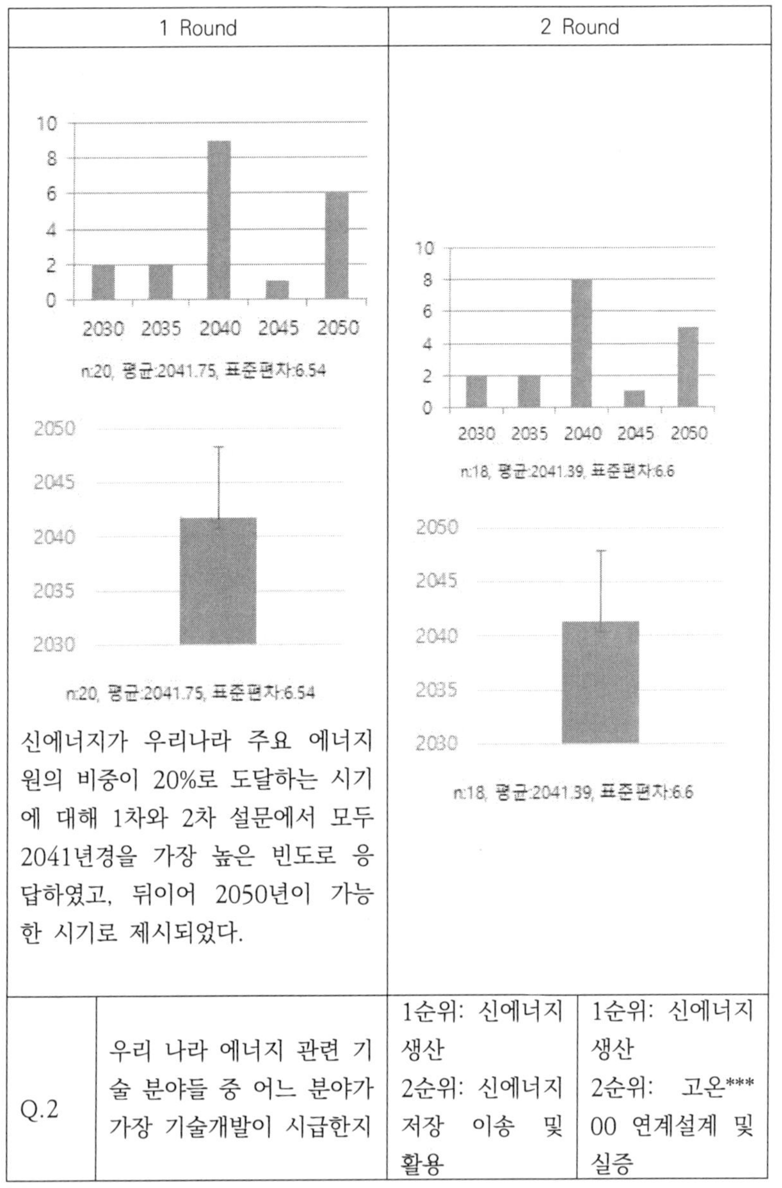

1 Round		2 Round	
n:20, 평균:2041.75, 표준편차:6.54 n:20, 평균:2041.75, 표준편차:6.54 신에너지가 우리나라 주요 에너지원의 비중이 20%로 도달하는 시기에 대해 1차와 2차 설문에서 모두 2041년경을 가장 높은 빈도로 응답하였고, 뒤이어 2050년이 가능한 시기로 제시되었다.		n:18, 평균:2041.39, 표준편차:6.6 n:18, 평균:2041.39, 표준편차:6.6	
Q.2	우리 나라 에너지 관련 기술 분야들 중 어느 분야가 가장 기술개발이 시급한지	1순위: 신에너지 생산 2순위: 신에너지 저장 이송 및 활용	1순위: 신에너지 생산 2순위: 고온***00 연계설계 및 실증

<table>
<tr><th colspan="2">1 Round</th><th colspan="2">2 Round</th></tr>
<tr><td colspan="2">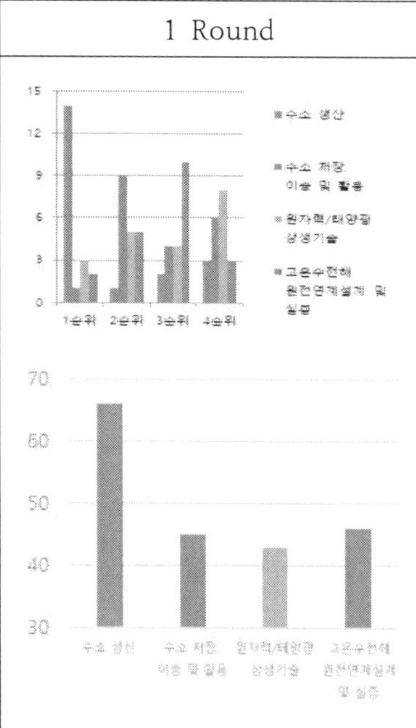

1차 2차 설문 모두에서 1순위로는 신에너지 생산, 2순위로는 신에너지 저장 및 이송, 활용이 가장 높은 빈도를 보였고, 2차설문에서 2순위에 고온*** 00연계설계 및 실증이 2순위에 신에너지 저장 및 이송, 활용과 같은 빈도를 나타냈다. 3순위에는 1,2 차 모두 고온*** 00연계설계가 두드러졌다.</td>
<td colspan="2">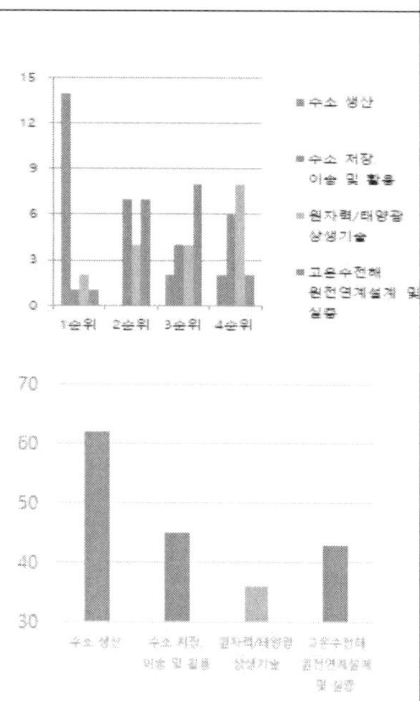

가중치를 부여하여 1-4순위를 정리해보면, 신에너지 생산이 1위, 신에너지 저장 및 이송, 활용이 1차에서 1위, 2차에선 고온*** 00연계설계가 2위를 나타냈다.</td></tr>
<tr><td colspan="4">※기존의 1순위, 2순위 도출은 1순위 중 1등, 2순위 중 1등을 추출한 것으로 추측됩니다(위 그래프).
추가적으로 임의로 가중치를 주어 1순위는 4점, 2순위는 3점, 3순위는 2점, 4순위는 1점으로 분석해보았습니다(아래 그래프).
가중치를 두면 1순위, 2순위가 신에너지생산, 고온*** 00연계설계 및 실증으로 달라지며 이 점을 참고해주시기 바랍니다.</td></tr>
<tr><td>Q2-1</td><td>신에너지 에너지원이 주요 에너지로 활용되는데 있어서 가장 시급한 기술개발 분야는</td><td>1순위: *** 기술개발
2순위: 00-신에너지연계 기술개발</td><td>1순위: 00-신에너지연계 기술개발
2순위: *** 기술개발</td></tr>
</table>

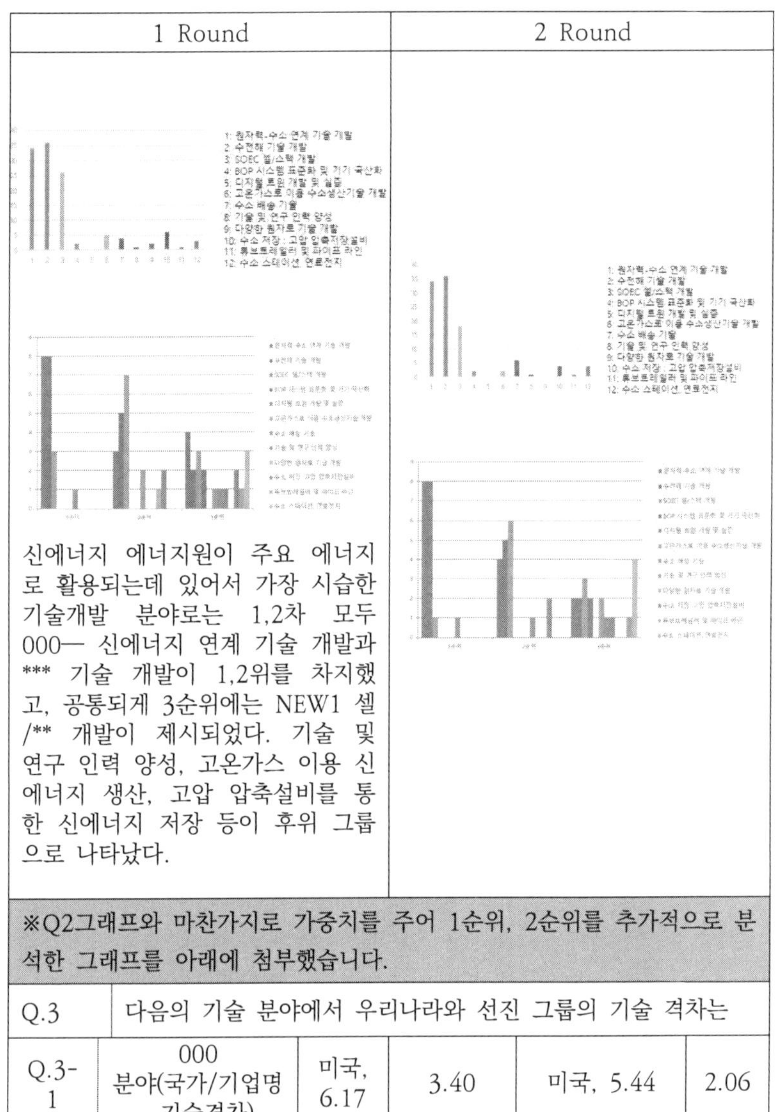

<table>
<tr><td colspan="3">1 Round</td><td colspan="3">2 Round</td></tr>
<tr><td colspan="3">신에너지 에너지원이 주요 에너지로 활용되는데 있어서 가장 시급한 기술개발 분야로는 1,2차 모두 000— 신에너지 연계 기술 개발과 *** 기술 개발이 1,2위를 차지했고, 공통되게 3순위에는 NEW1 셀/** 개발이 제시되었다. 기술 및 연구 인력 양성, 고온가스 이용 신에너지 생산, 고압 압축설비를 통한 신에너지 저장 등이 후위 그룹으로 나타났다.</td><td colspan="3"></td></tr>
<tr><td colspan="6">※Q2그래프와 마찬가지로 가중치를 주어 1순위, 2순위를 추가적으로 분석한 그래프를 아래에 첨부했습니다.</td></tr>
<tr><td>Q.3</td><td colspan="5">다음의 기술 분야에서 우리나라와 선진 그룹의 기술 격차는</td></tr>
<tr><td>Q.3-1</td><td>000
분야(국가/기업명, 기술격차)</td><td>미국, 6.17</td><td>3.40</td><td>미국, 5.44</td><td>2.06</td></tr>
</table>

<table>
<tr><th colspan="3">1 Round</th><th colspan="3">2 Round</th></tr>
<tr><td colspan="3"> 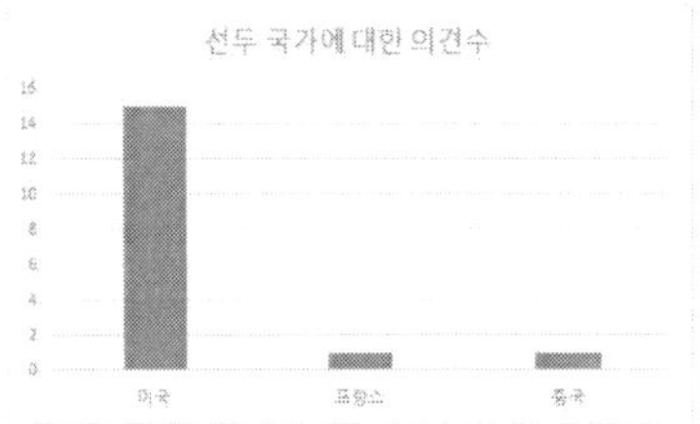선두 국가에 대한 의견수
미국 프랑스 중국 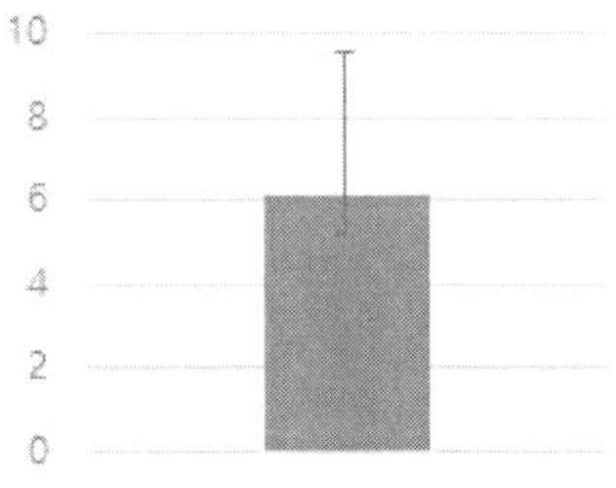
n:18, 평균:6.17, 표준편차:3.4
000 분야의 최선두 국가에 대하여는 1,2차 모두 미국이 가장 높은 빈도를 보였는데, 1차 설문에선 중국과 프랑스로 응답한 전문가들도 존재하였다. 미국과의 기술 격차는 1차 설문에서는 평균 6.17년, 2차 설문에서는 5.44년으로 전문가 응답이 제시되었다.</td><td colspan="3"> 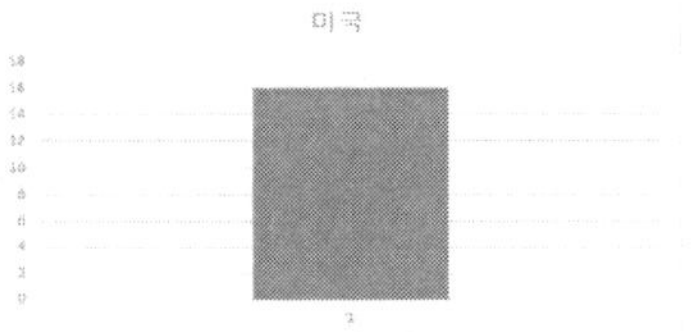미국 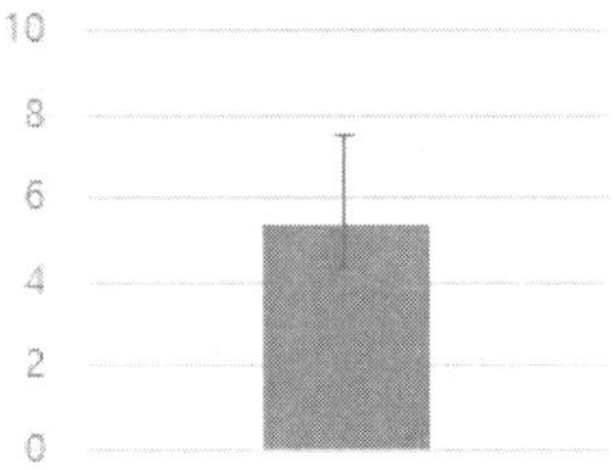
n:18, 평균:5.44, 표준편차:2.06</td></tr>
<tr><td>Q.3-2</td><td>신에너지 생산/저온***(국가/기업명, 기술격차)</td><td>미국/독일/ 노르웨이(NEL), 6.5</td><td>2.78</td><td>미국/독일/노르웨이(NEL), 5.88</td><td>2.52</td></tr>
</table>

<table>
<tr><th colspan="3">1 Round</th><th colspan="3">2 Round</th></tr>
<tr><td colspan="3"> 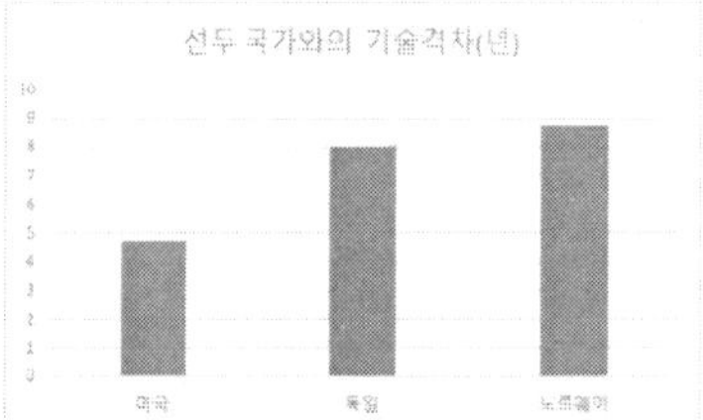선두 국가와의 기술격차(년) 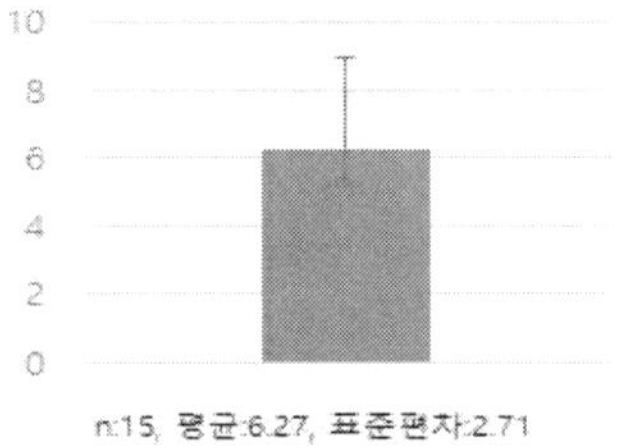
미국 독일 노르웨이
n:15, 평균:6.27, 표준편차:2.71
신에너지생산 (저온 ***)분야의 최선도 국가에 대해서는 1차설문에서는 유효한 응답 중 미국 7표, 독일 4표, 노르웨이가 4표로 나타났고, 1차 설문에서 기술 격차의 평균은 6.5년이되, 미국과는 4.74년, 독일과는 8년, 노르웨이와는 8.75년으로 제시되었다. 2차 설문에서는 노르웨이가 7표로 1위, 이어서 미국이 5표로 2위, 독일이 4표로 3위로 응답되었다. 선두 국가와의 기술 격차는 2차에선 미국과는 4.2년, 독일과는 6년, 노르웨이와는 7년으로 도출되었다. 이점은 기술추격의 현실성면에서 통상적인 대형 국책 사업들과 유사성이 있어 매우 타당하다는 점을 시사한다.</td><td colspan="3"> 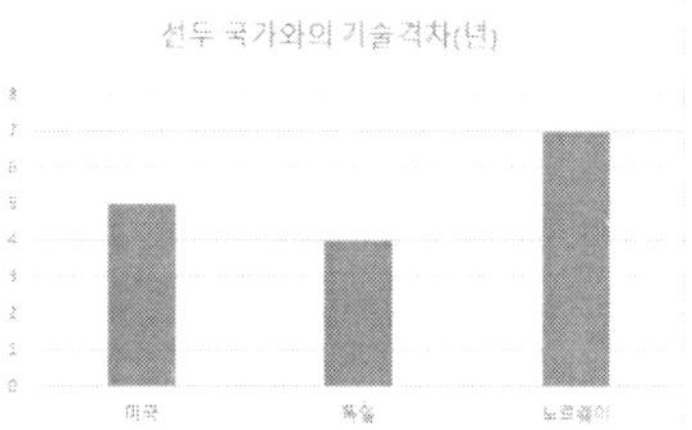선두 국가와의 기술격차(년) 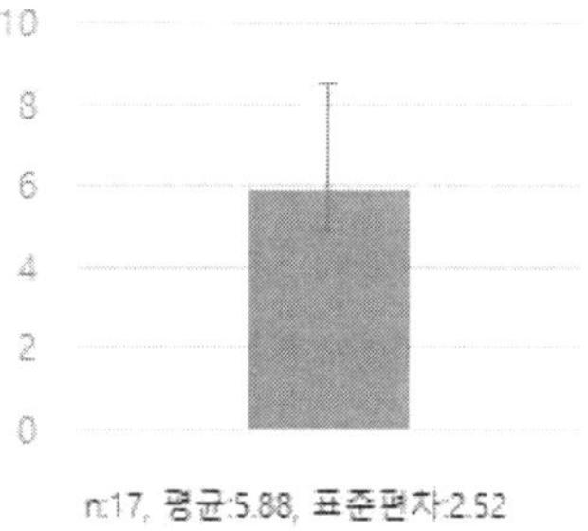
미국 독일 노르웨이
n:17, 평균:5.88, 표준편차:2.52</td></tr>
<tr><td>Q.3-3</td><td>신에너지 생산(고온 ***): NEW1 셀/** 개발 선두 그룹/기업명, 기술격차는</td><td>미국 (Fuelcell, 블룸), 독일 (sunfire), 6.39</td><td>2.57</td><td>미국 (Fuelcell, 블룸), 독일(sunfire), 6.47</td><td>2.18</td></tr>
</table>

<table>
<tr><th colspan="3">1 Round</th><th colspan="3">2 Round</th></tr>
<tr><td colspan="3"> 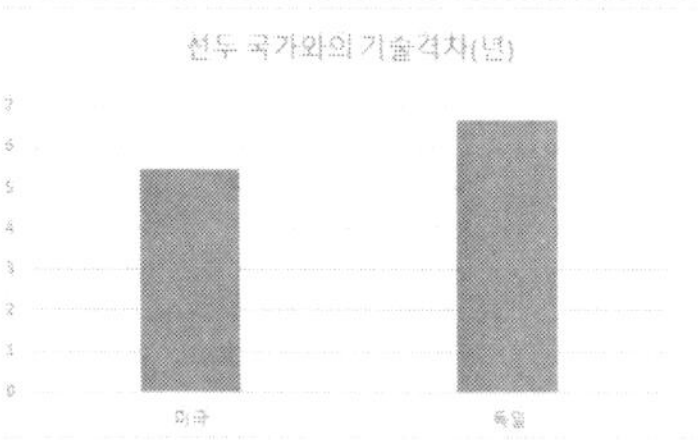선두 국가와의 기술격차(년)
n:17, 평균:6.47, 표준편차:2.62
(missing value 제외시 평균 변화됨.) 신에너지생산 (고온 ***)분야의 최선두 국가에 대해서는 1차설문에서는 유효한 응답 중 미국 11표, 독일 9표로 나타났고, 1차 설문에서 기술 격차의 평균은 6.39년이되, 미국과는 5.45년, 독일과는 6.66년으로 제시되었다. 2차 설문에서는 미국이 11표로 1위, 독일이 10표로 2위로 응답되었다. 선두 국가와의 기술 격차는 2차에선 미국과는 6.09년, 독일과는 6.5년으로 도출되었다.</td><td colspan="3"> 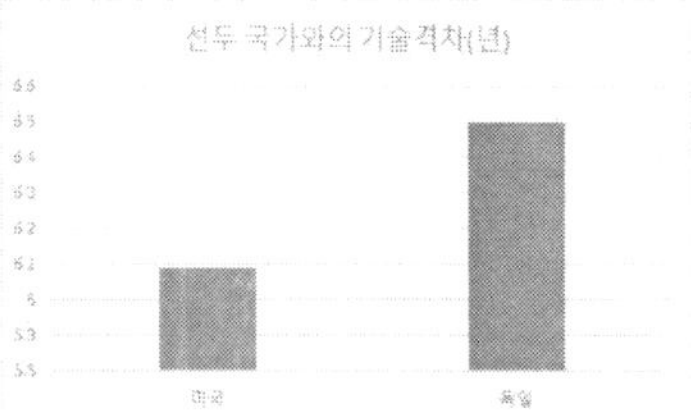선두 국가와의 기술격차(년)
n:17, 평균:6.47, 표준편차:2.18</td></tr>
<tr><td>Q.3-4</td><td>NEW1 시스템 Integration 및 BOP 시스템 국산화:선두그룹 국가 또는 기업명, 기술 격차는</td><td>미국(블룸), 독일 (sunfire), 5.39</td><td>2.00</td><td>미국(블룸),독일 (sunfire), 5.94</td><td>1.82</td></tr>
</table>

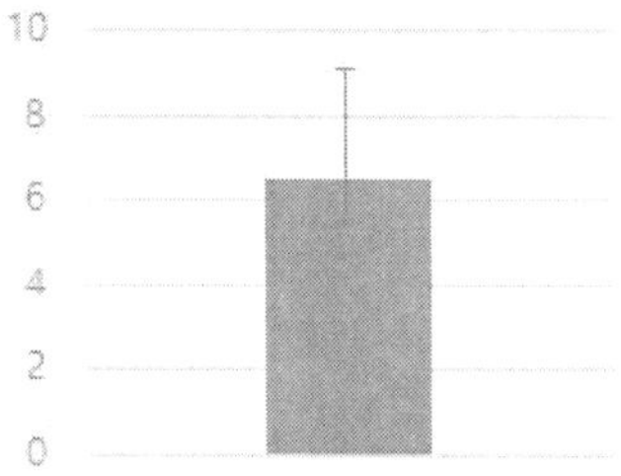

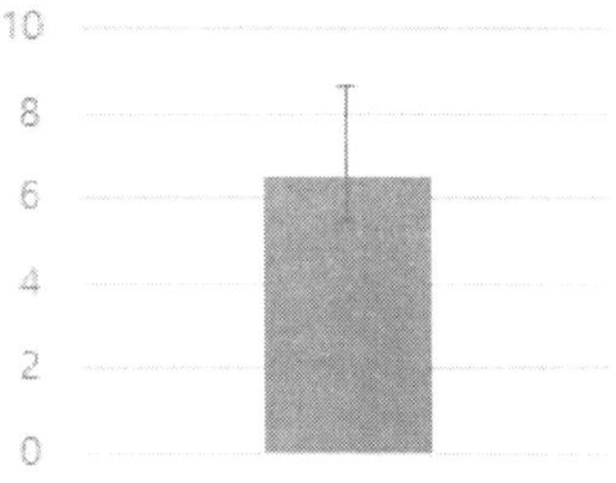

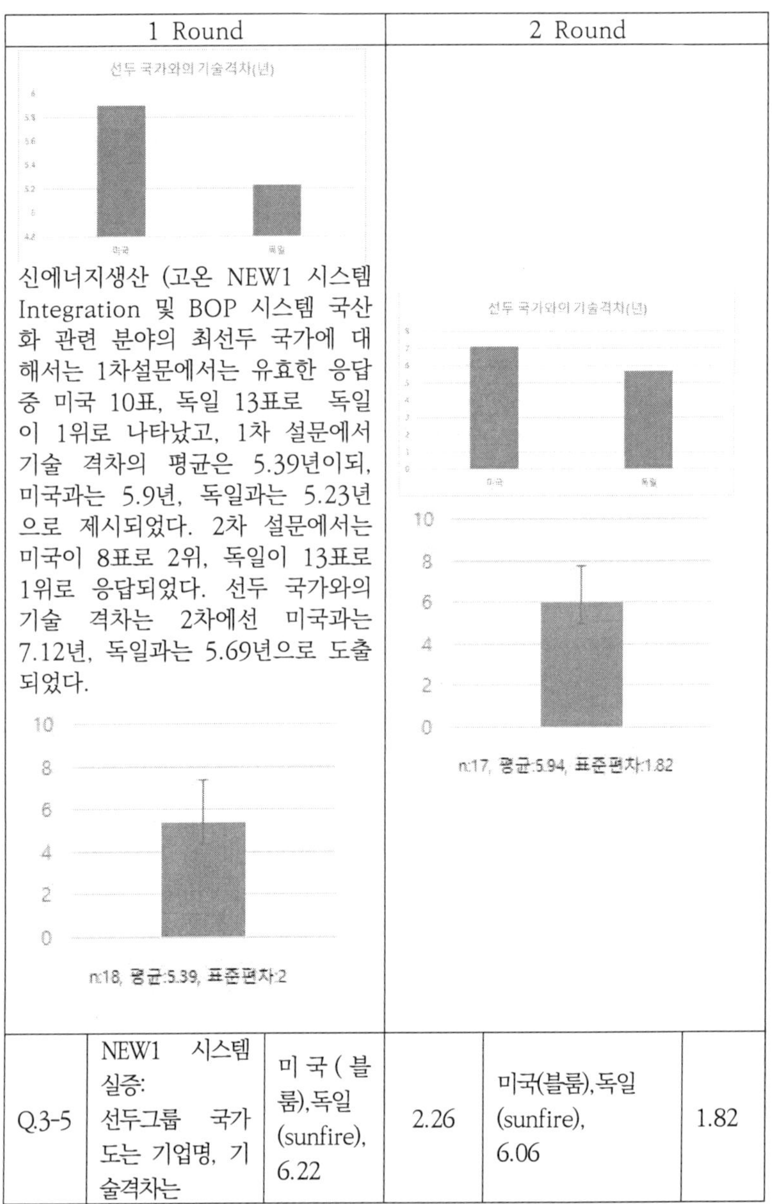

1 Round	2 Round
선두 국가와의 기술격차(년) 신에너지생산 (고온 NEW1 시스템 Integration 및 BOP 시스템 국산화 관련 분야의 최선두 국가에 대해서는 1차설문에서는 유효한 응답 중 미국 10표, 독일 13표로 독일이 1위로 나타났고, 1차 설문에서 기술 격차의 평균은 5.39년이되, 미국과는 5.9년, 독일과는 5.23년으로 제시되었다. 2차 설문에서는 미국이 8표로 2위, 독일이 13표로 1위로 응답되었다. 선두 국가와의 기술 격차는 2차에선 미국과는 7.12년, 독일과는 5.69년으로 도출되었다. n:18, 평균:5.39, 표준편차:2	선두 국가와의 기술격차(년) n:17, 평균:5.94, 표준편차:1.82

Q.3-5	NEW1 시스템 실증: 선두그룹 국가 도는 기업명, 기술격차는	미국(블룸),독일(sunfire), 6.22	2.26	미국(블룸),독일(sunfire), 6.06	1.82

1 Round	2 Round
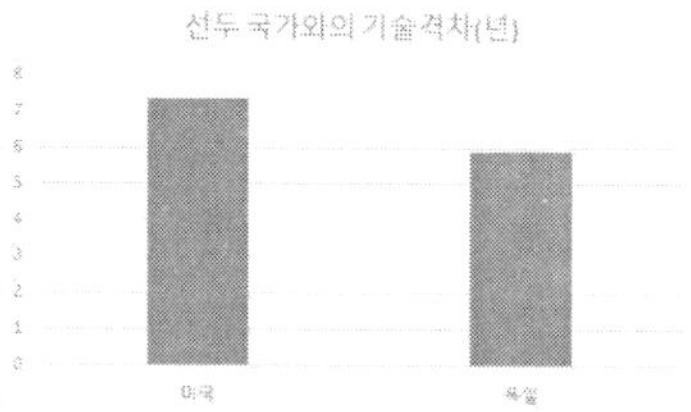 선두 국가와의 기술격차(년) 미국 독일 신에너지생산 (고온 NEW1 시스템 실증 분야의 최선두 국가에 대해서는 1차설문에서는 유효한 응답 중 미국 8표, 독일 14표로 독일이 1위로 나타났고, 1차 설문에서 기술 격차의 평균은 6.22년이되, 미국과는 7.37년, 독일과는 5.92년으로 제시되었다. 2차 설문에서는 미국이 8표로 2위, 독일이 13표로 1위로 응답되었다. 선두 국가와의 기술 격차는 2차에선 미국과는 6.37년, 독일과는 5.92년으로 나타났다. 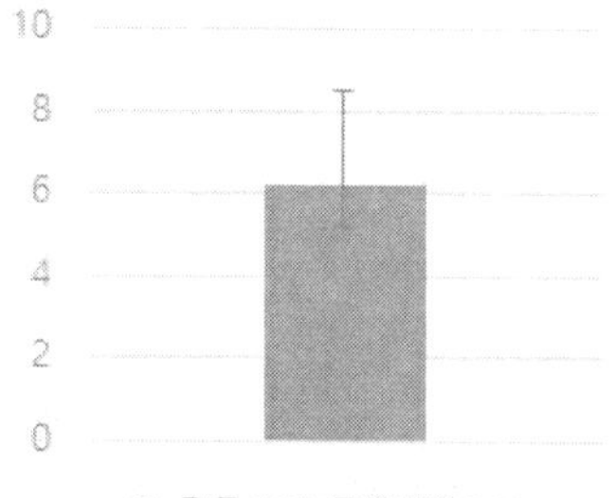 n:18, 평균:6.22, 표준편차:2.26	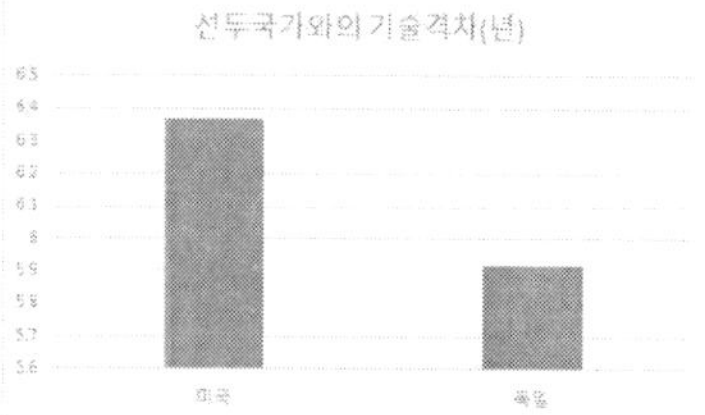 선두국가와의 기술격차(년) 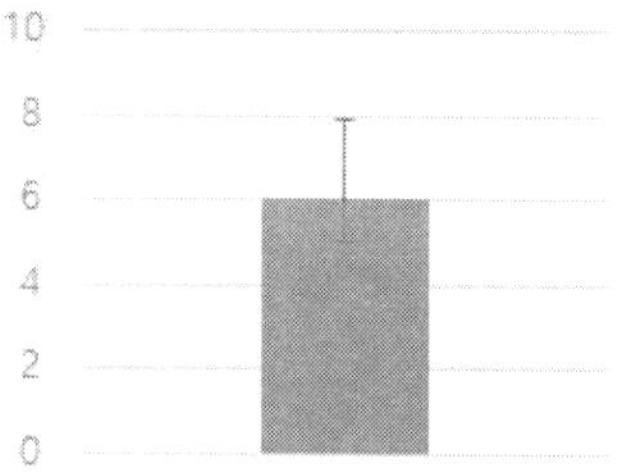 미국 독일 n:17, 평균:6.06, 표준편차:1.82

Q.3-6	튜브 트레일러 개발: 선두그룹 국가 도는 기업명, 기술격차는	미국, 3.8	2.86	미국, 3.00	1.76

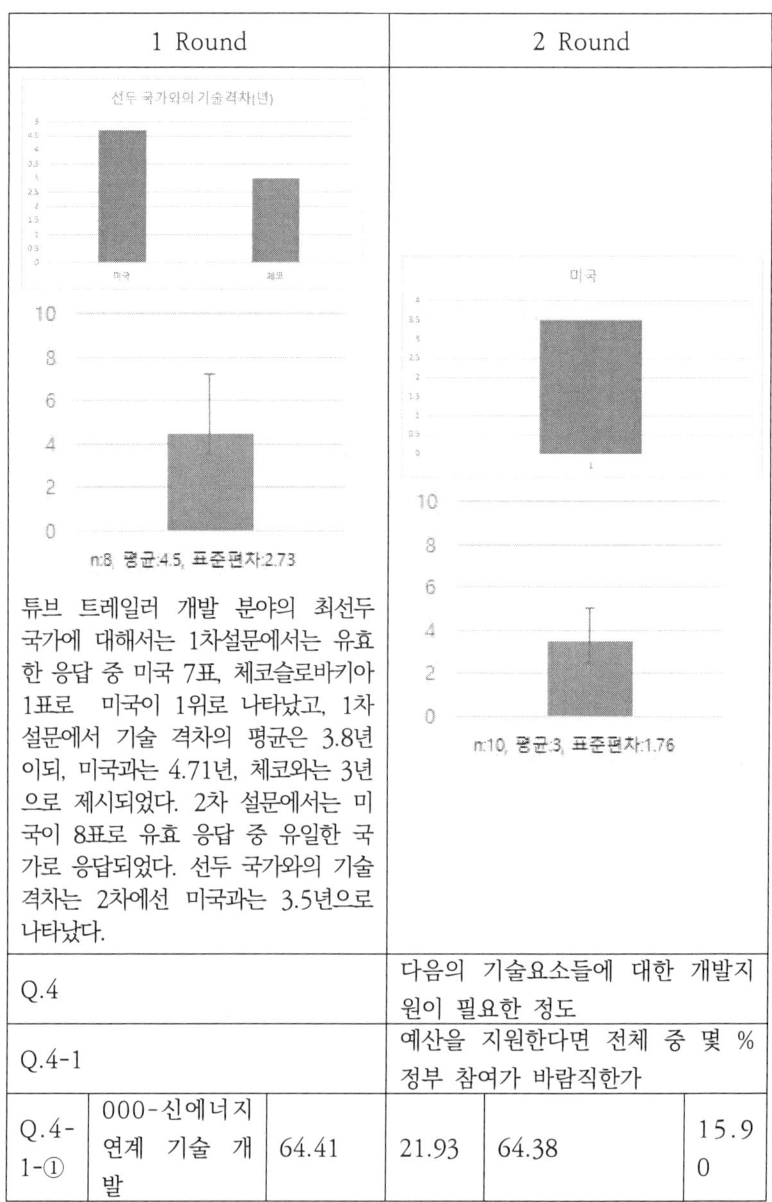

<table>
<tr><td colspan="3">1 Round</td><td colspan="3">2 Round</td></tr>
<tr><td colspan="3">선두 국가와의 기술격차(년)
미국 체코
n:8, 평균:4.5, 표준편차:2.73
튜브 트레일러 개발 분야의 최선두 국가에 대해서는 1차설문에서는 유효한 응답 중 미국 7표, 체코슬로바키아 1표로 미국이 1위로 나타났고, 1차 설문에서 기술 격차의 평균은 3.8년이되, 미국과는 4.71년, 체코와는 3년으로 제시되었다. 2차 설문에서는 미국이 8표로 유효 응답 중 유일한 국가로 응답되었다. 선두 국가와의 기술 격차는 2차에선 미국과는 3.5년으로 나타났다.</td><td colspan="3">미국
n:10, 평균:3, 표준편차:1.76</td></tr>
<tr><td colspan="3">Q.4</td><td colspan="3">다음의 기술요소들에 대한 개발지원이 필요한 정도</td></tr>
<tr><td colspan="3">Q.4-1</td><td colspan="3">예산을 지원한다면 전체 중 몇 % 정부 참여가 바람직한가</td></tr>
<tr><td>Q.4-1-①</td><td>000-신에너지 연계 기술 개발</td><td>64.41</td><td>21.93</td><td>64.38</td><td>15.90</td></tr>
</table>

<table>
<tr><th colspan="3">1 Round</th><th colspan="3">2 Round</th></tr>
<tr><td colspan="3"> 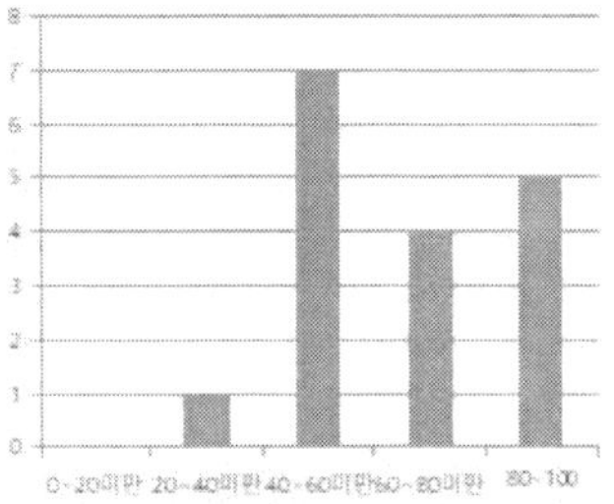n:17, 평균:64.41, 표준편차:21.93 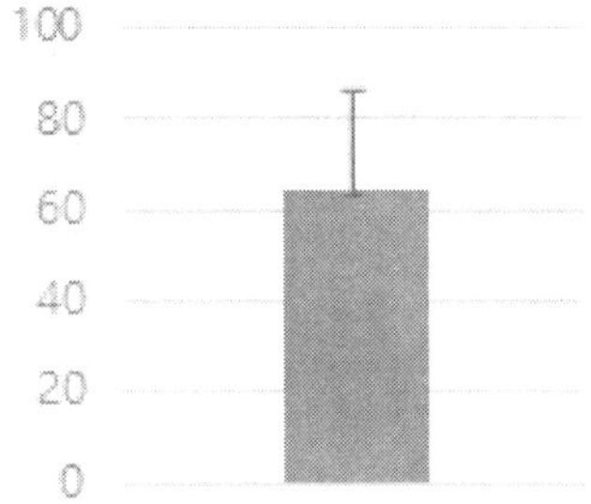

n:17, 평균:64.41, 표준편차:21.93

000-신에너지연계 기술 개발에 대한 정부 지원의 정도를 묻는 질문에 1차 2차 모두 60%대의 높은 지원률이 필요함을 제시하고 있다. 즉 공공성이 큰 기술임을 시사해주고 있는 것이다.</td><td colspan="3"> 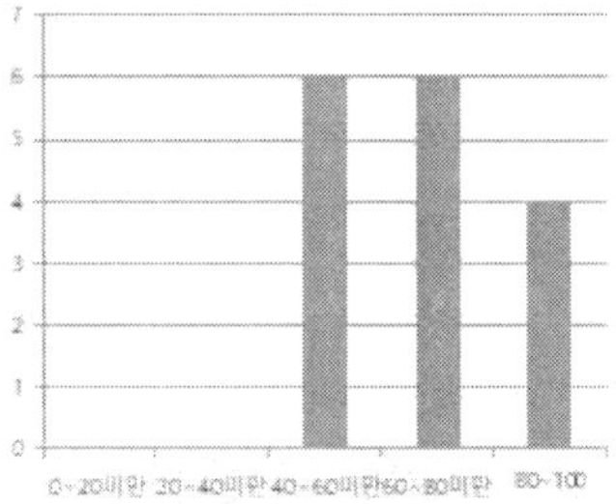n:16, 평균:64.38, 표준편차:15.9 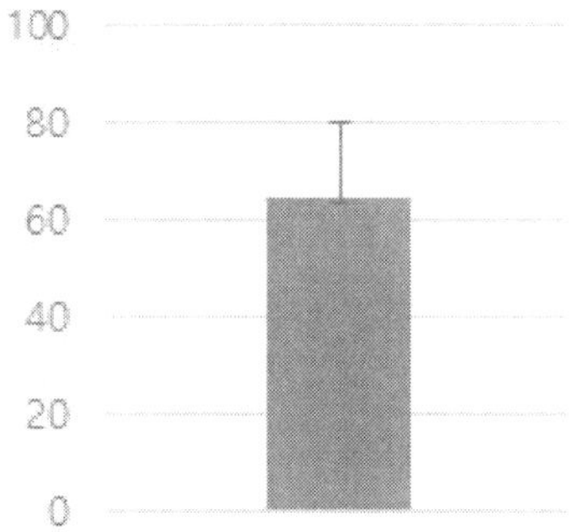

n:16, 평균:64.38, 표준편차:15.9</td></tr>
<tr><td>Q.4-1-②</td><td>*** 기술 개발</td><td>51.25</td><td>20.62</td><td>52.78</td><td>8.95</td></tr>
</table>

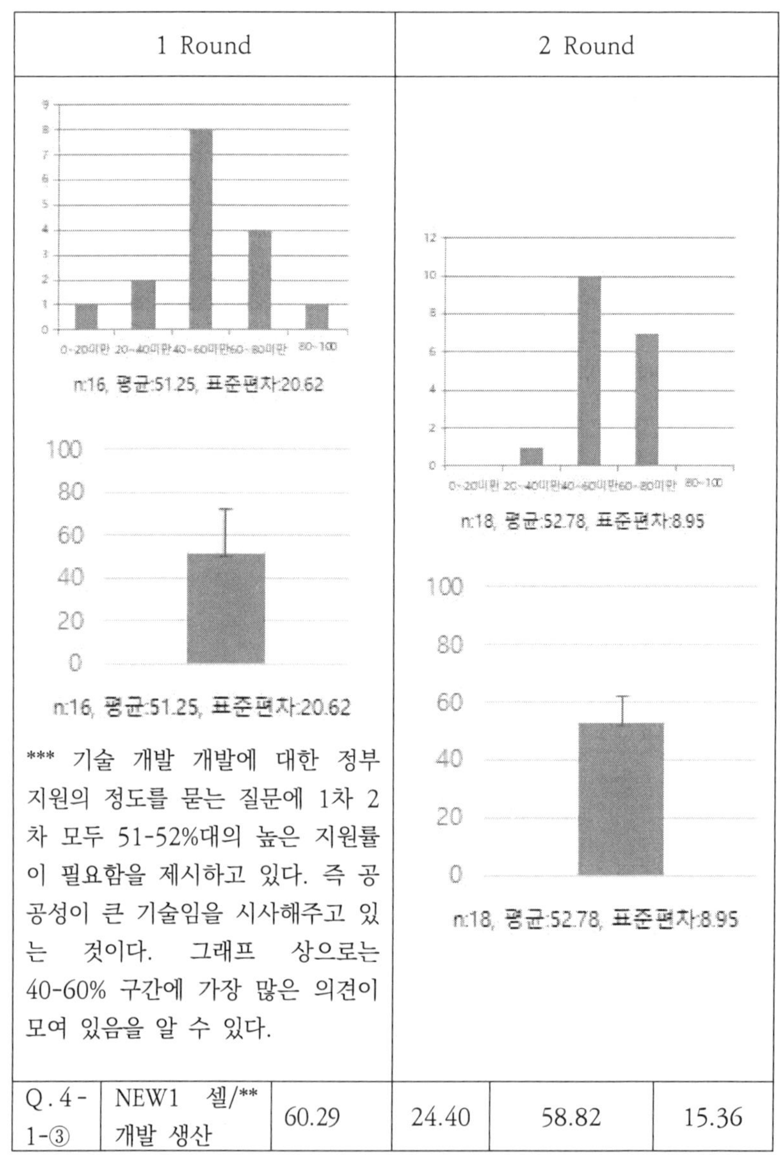

1 Round	2 Round
n:16, 평균:51.25, 표준편차:20.62 n:16, 평균:51.25, 표준편차:20.62 *** 기술 개발 개발에 대한 정부 지원의 정도를 묻는 질문에 1차 2차 모두 51-52%대의 높은 지원률이 필요함을 제시하고 있다. 즉 공공성이 큰 기술임을 시사해주고 있는 것이다. 그래프 상으로는 40-60% 구간에 가장 많은 의견이 모여 있음을 알 수 있다.	n:18, 평균:52.78, 표준편차:8.95 n:18, 평균:52.78, 표준편차:8.95

Q.4-1-③	NEW1 셀/** 개발 생산	60.29	24.40	58.82	15.36

1 Round	2 Round
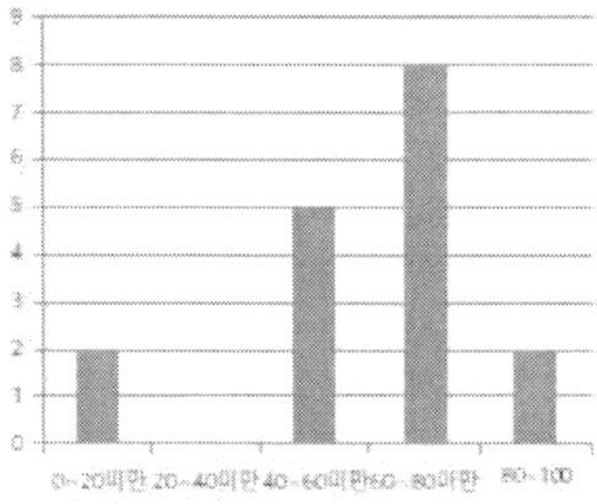 n:17, 평균:60.29, 표준편차:24.4 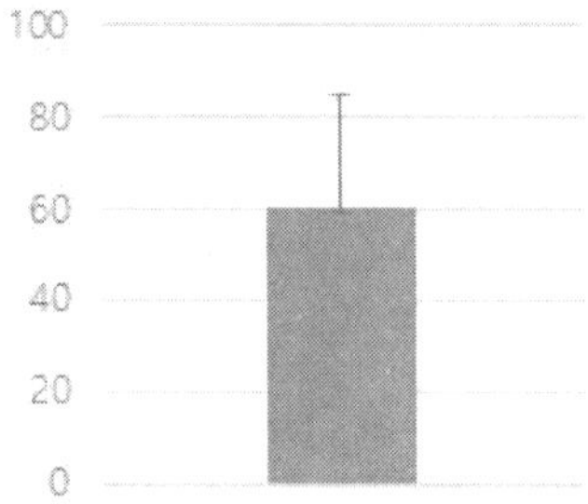 n:17, 평균:60.29, 표준편차:24.4 NEW1 셀/** 개발 생산에 대한 정부 지원의 정도를 묻는 질문에 1차 2차 모두 58-60%대의 높은 지원률이 필요함을 제시하고 있다. 즉 이 분야도 공공성이 큰 기술임을 시사해주고 있는 것이다. 그래프 상으로는 1차에선 60-80% 구간, 2차에선 40-60% 구간에 가장 많은 의견이 모여 있음을 알 수 있다.	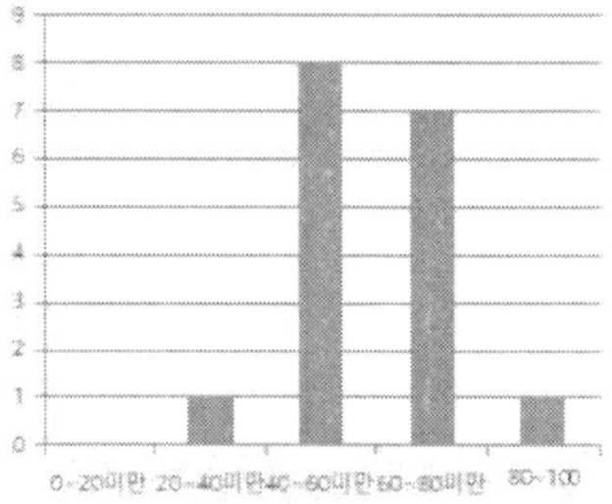 n:17, 평균:58.82, 표준편차:15.36 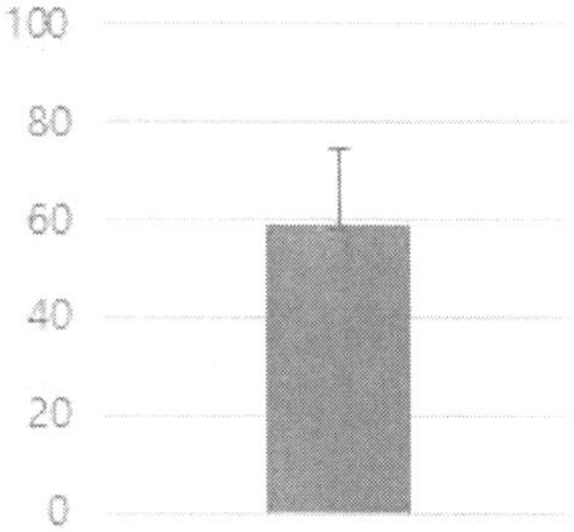 n:17, 평균:58.82, 표준편차:15.36

Q.4-1-④	BOP 시스템 표준화 및 기기 국산화	44.69	19.62	46.25	12.58

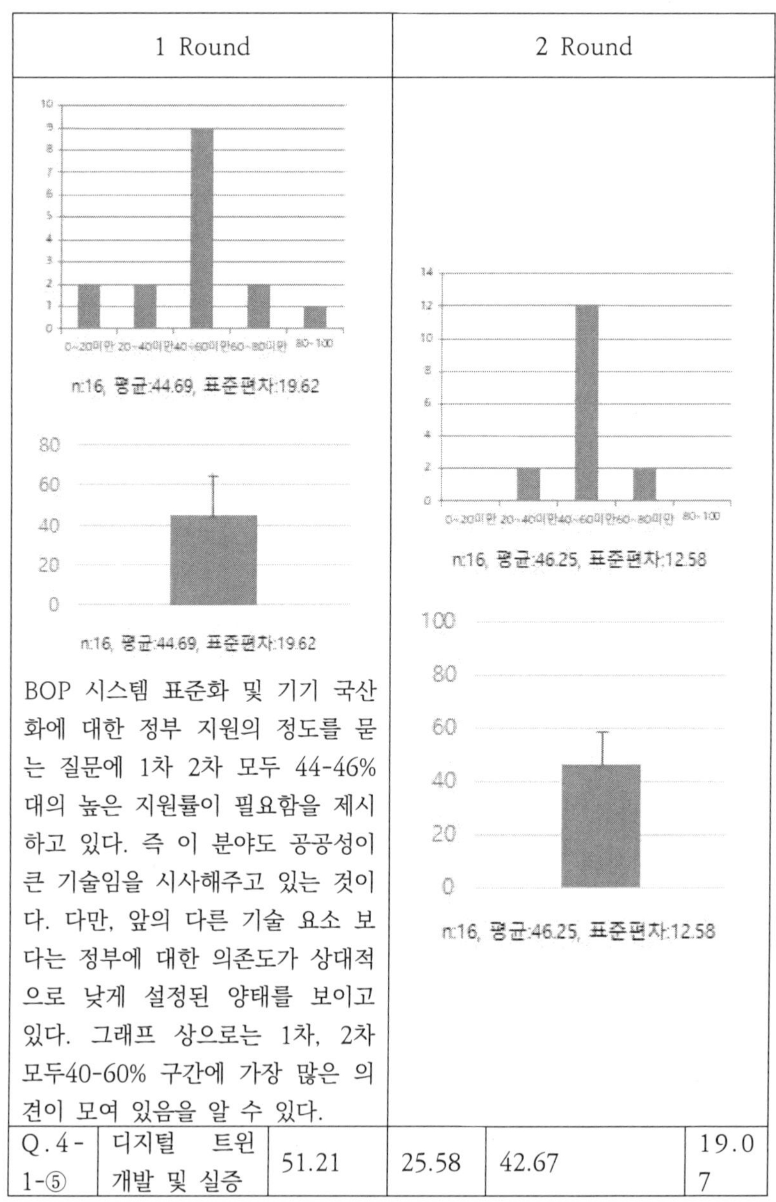

BOP 시스템 표준화 및 기기 국산화에 대한 정부 지원의 정도를 묻는 질문에 1차 2차 모두 44-46% 대의 높은 지원률이 필요함을 제시하고 있다. 즉 이 분야도 공공성이 큰 기술임을 시사해주고 있는 것이다. 다만, 앞의 다른 기술 요소 보다는 정부에 대한 의존도가 상대적으로 낮게 설정된 양태를 보이고 있다. 그래프 상으로는 1차, 2차 모두40-60% 구간에 가장 많은 의견이 모여 있음을 알 수 있다.

Q.4-1-⑤	디지털 트윈 개발 및 실증	51.21	25.58	42.67	19.07

1 Round	2 Round
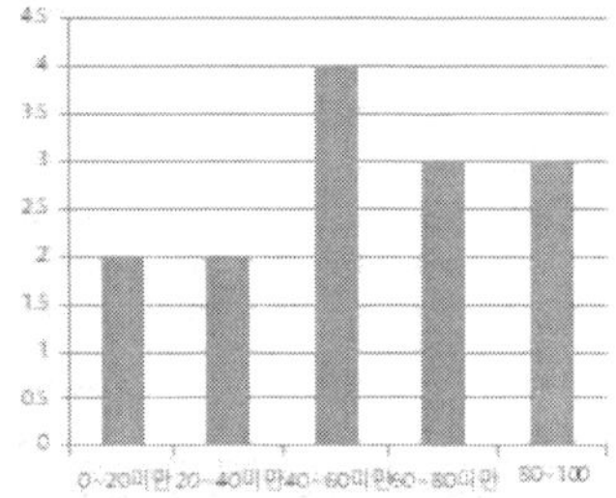 n:14, 평균:51.21, 표준편차:25.58 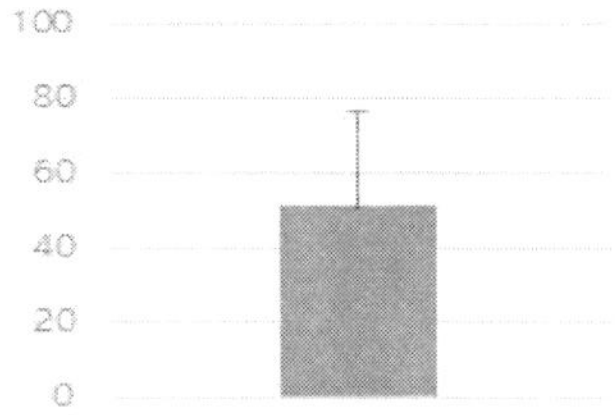 n:14, 평균:51.21, 표준편차:25.58 디지털 트윈 개발 및 실증에 대한 정부 지원의 정도를 묻는 질문에 1차 2차 모두 42-51%대의 높은 지원률이 필요함을 제시하고 있다. 즉 이 분야도 공공성이 큰 기술임을 시사해주고 있는 것이다. 다만, 앞의 다른 기술요소 보다는 정부에 대한 의존도가 상대적으로 낮게 설정된 양태를 보이고 있고, 2차에서 1차 보다 정부의 지원의 절실한 정도가 상대적으로 낮아진 모습이다. 그래프 상으로는 1차, 2차 모두40-60% 구간에 가장 많은 의견이 모여 있음을 알 수 있다.	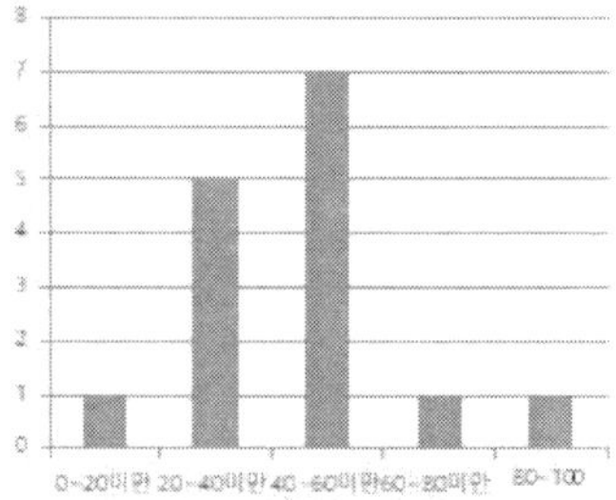 n:15, 평균:42.67, 표준편차:19.07 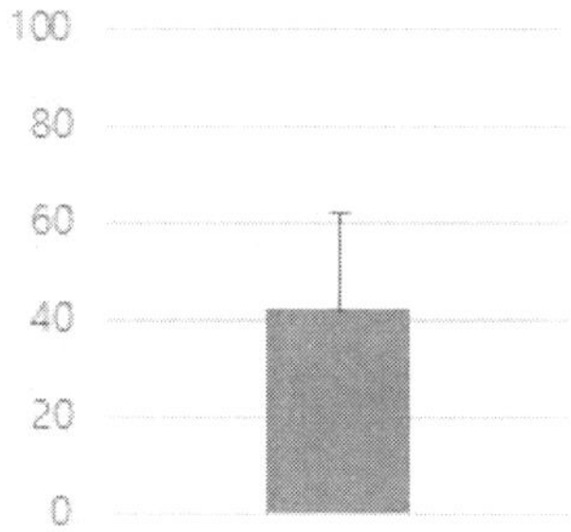 n:15, 평균:42.67, 표준편차:19.07

Q.4-1-⑥	고온가스로 이용 신에너지생산기술 개발	69.69	30.03	74.38	19.31

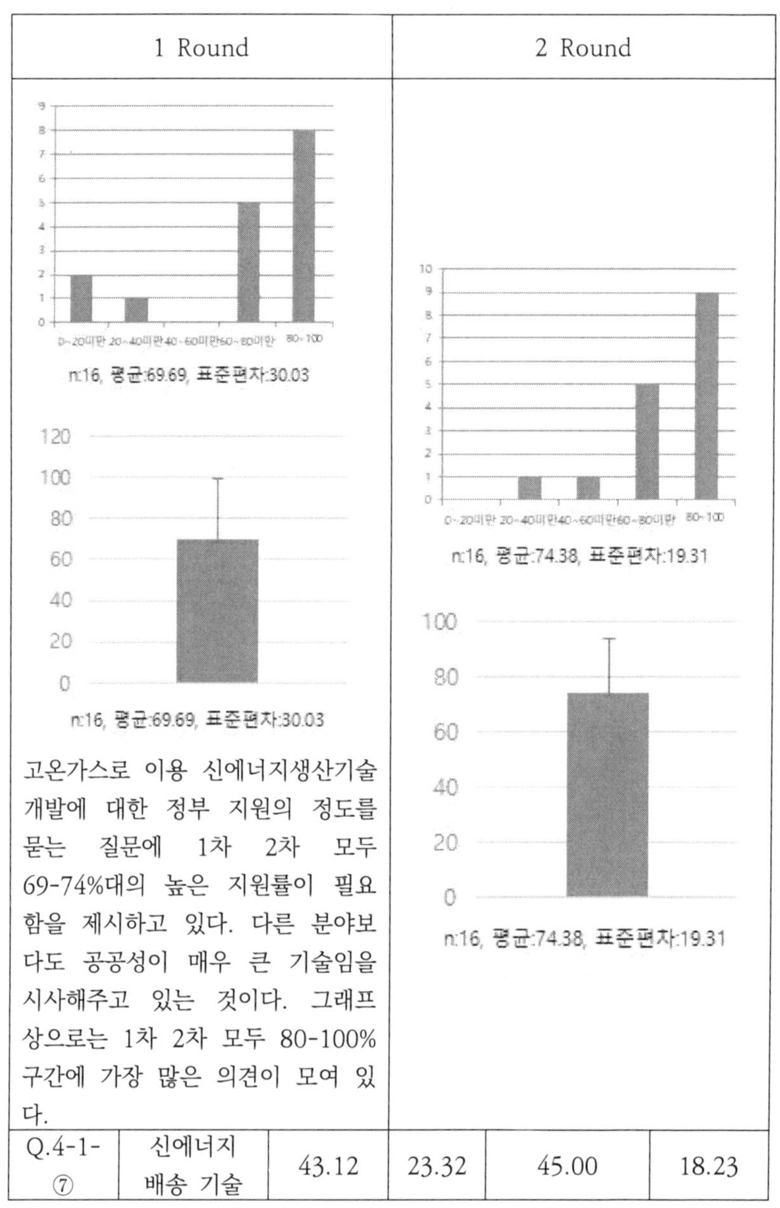

n:16, 평균:69.69, 표준편차:30.03

n:16, 평균:69.69, 표준편차:30.03

n:16, 평균:74.38, 표준편차:19.31

n:16, 평균:74.38, 표준편차:19.31

고온가스로 이용 신에너지생산기술 개발에 대한 정부 지원의 정도를 묻는 질문에 1차 2차 모두 69-74%대의 높은 지원률이 필요함을 제시하고 있다. 다른 분야보다도 공공성이 매우 큰 기술임을 시사해주고 있는 것이다. 그래프 상으로는 1차 2차 모두 80-100% 구간에 가장 많은 의견이 모여 있다.

Q.4-1-⑦	신에너지 배송 기술	43.12	23.32	45.00	18.23

1 Round			2 Round		
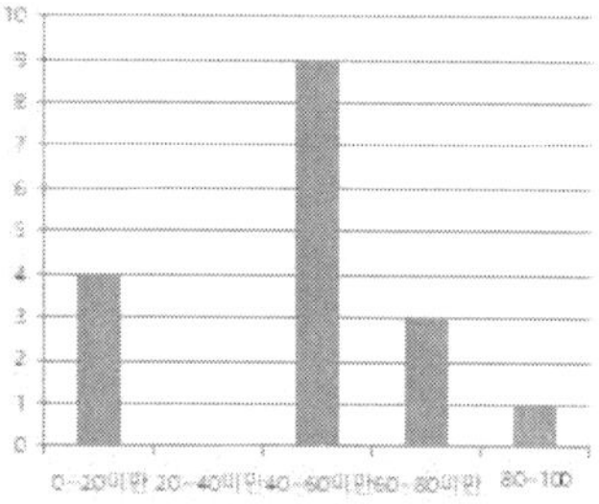 n:17, 평균:43.12, 표준편차:23.32 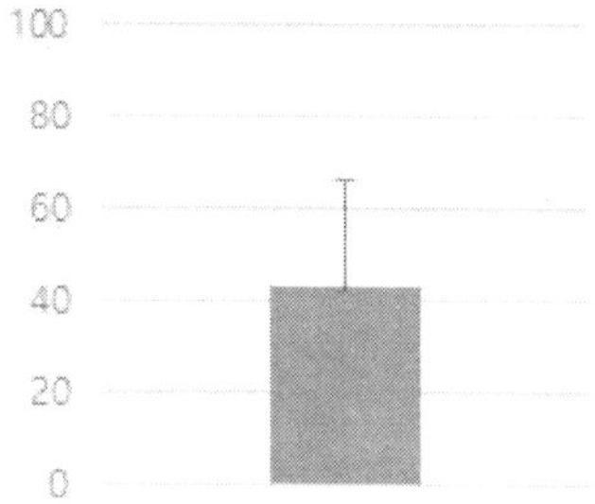 n:17, 평균:43.12, 표준편차:23.32 신에너지 배송 기술 개발에 대한 정부 지원의 정도를 묻는 질문에 1차 2차 모두 43-45%대의 지원률이 필요함을 제시하고 있다. 공공성이 있는 기술임을 보여주면서도 이 부문의 타 기술 대비하여 정부에 대한 의존도가 상대적으로 낮게 설정된 양태를 보이고 있다. 그래프 상으로는 1차 2차 모두 40-60% 구간에 가장 많은 의견이 모여 있다.			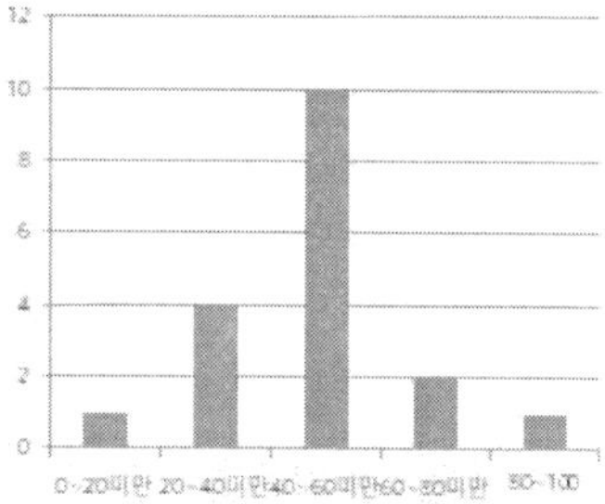 n:18, 평균:45, 표준편차:18.23 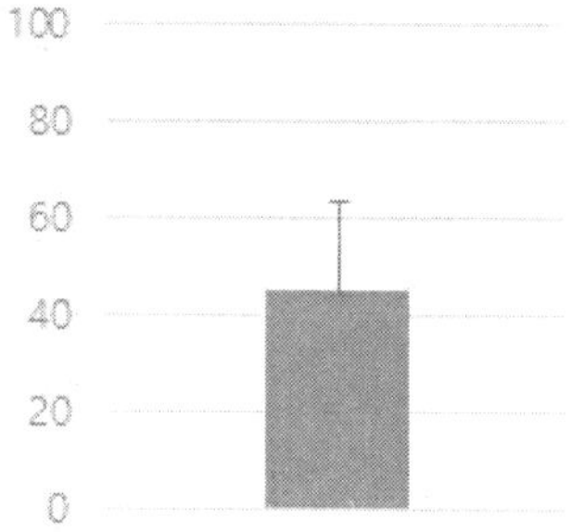 n:18, 평균:45, 표준편차:18.23		
Q.4-1-⑧	기술 및 연구 인력 양성	72.06	30.37	68.24	24.30

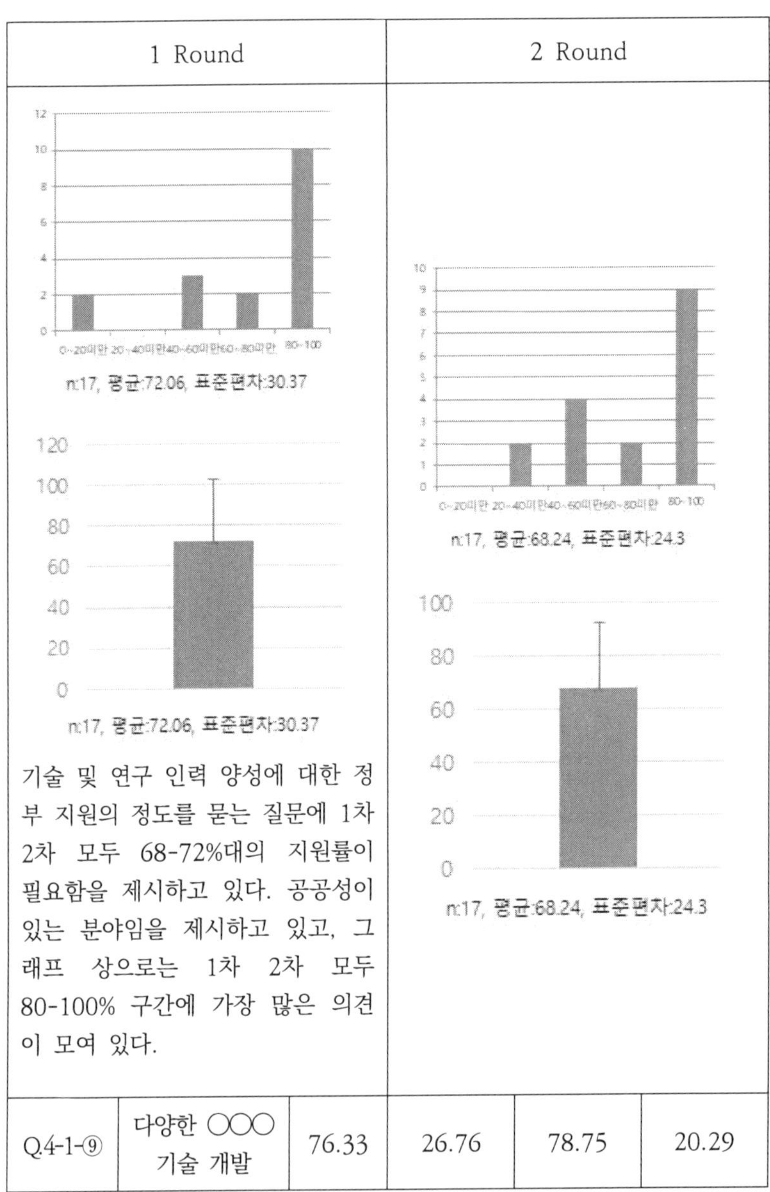

1 Round	2 Round
n:17, 평균:72.06, 표준편차:30.37 n:17, 평균:72.06, 표준편차:30.37 기술 및 연구 인력 양성에 대한 정부 지원의 정도를 묻는 질문에 1차 2차 모두 68-72%대의 지원률이 필요함을 제시하고 있다. 공공성이 있는 분야임을 제시하고 있고, 그래프 상으로는 1차 2차 모두 80-100% 구간에 가장 많은 의견이 모여 있다.	n:17, 평균:68.24, 표준편차:24.3 n:17, 평균:68.24, 표준편차:24.3

Q.4-1-⑨	다양한 ○○○ 기술 개발	76.33	26.76	78.75	20.29

<table>
<tr><td colspan="3">1 Round</td><td colspan="3">2 Round</td></tr>
<tr><td colspan="3"> 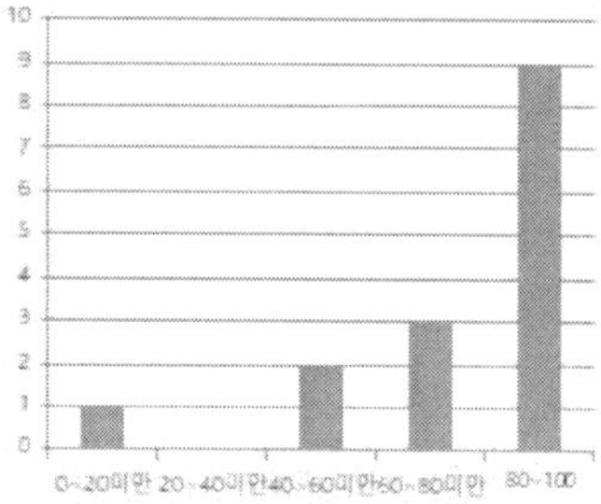n:15, 평균:76.33, 표준편차:26.76 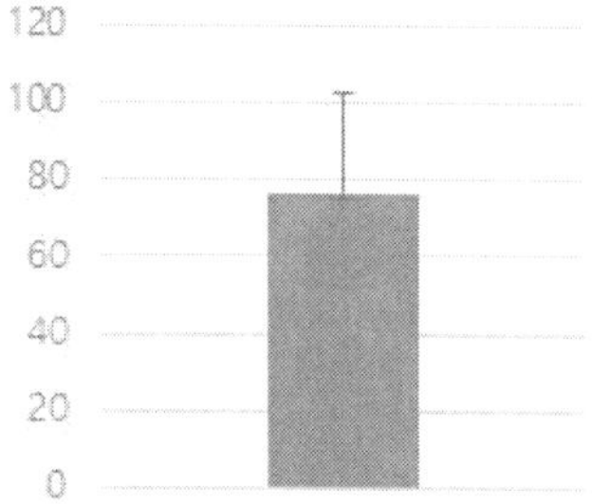

n:15, 평균:76.33, 표준편차:26.76

다양한 ○○○ 기술 개발에 대한 정부 지원의 정도를 묻는 질문에 1차 2차 모두 76-78%대의 지원률이 필요함을 제시하고 있다. 공공성이 있는 분야임을 제시하고 있고, 그래프 상으로는 1차 2차 모두 80-100% 구간에 가장 많은 의견이 모여 있다.</td><td colspan="3"> 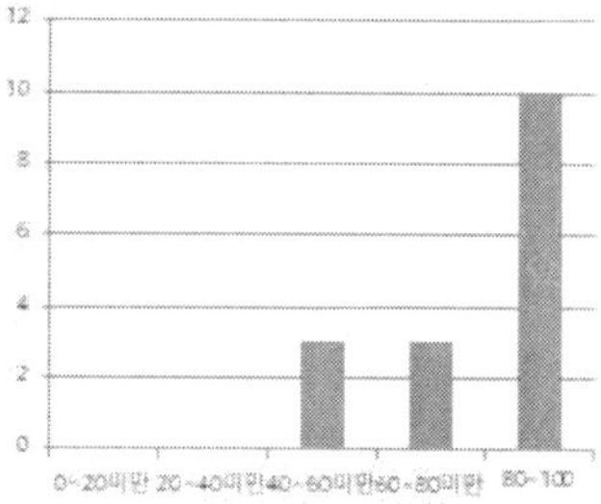n:16, 평균:78.75, 표준편차:20.29 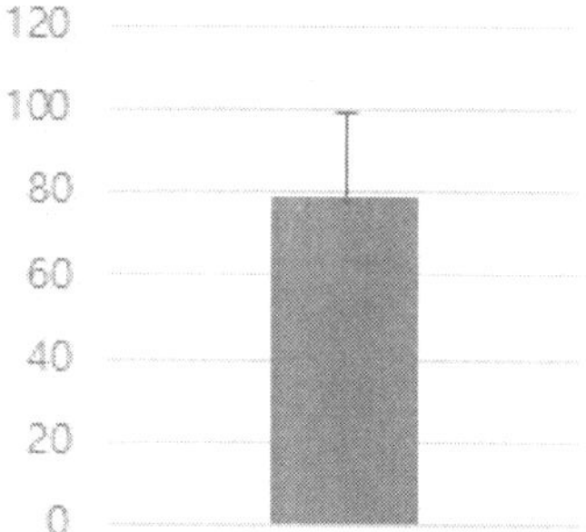

n:16, 평균:78.75, 표준편차:20.29</td></tr>
<tr><td>Q4-1-⑩</td><td>신에너지 저장: 고압 압축저장설비</td><td>45.00</td><td>22.88</td><td>48.75</td><td>15.00</td></tr>
</table>

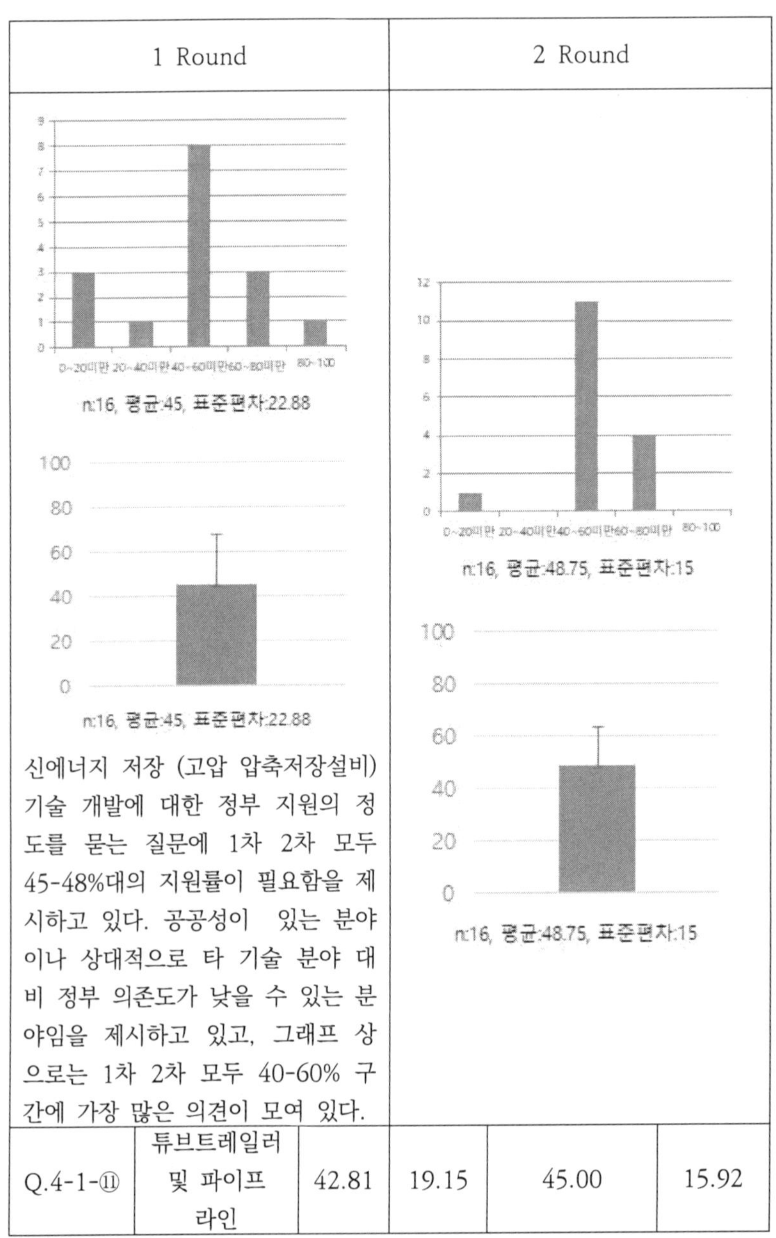

<table>
<tr><th colspan="3">1 Round</th><th colspan="3">2 Round</th></tr>
<tr><td colspan="3">
n:16, 평균:45, 표준편차:22.88
n:16, 평균:45, 표준편차:22.88
신에너지 저장 (고압 압축저장설비) 기술 개발에 대한 정부 지원의 정도를 묻는 질문에 1차 2차 모두 45-48%대의 지원률이 필요함을 제시하고 있다. 공공성이 있는 분야이나 상대적으로 타 기술 분야 대비 정부 의존도가 낮을 수 있는 분야임을 제시하고 있고, 그래프 상으로는 1차 2차 모두 40-60% 구간에 가장 많은 의견이 모여 있다.</td><td colspan="3">
n:16, 평균:48.75, 표준편차:15
n:16, 평균:48.75, 표준편차:15</td></tr>
<tr><td>Q.4-1-⑪</td><td>튜브트레일러 및 파이프 라인</td><td>42.81</td><td>19.15</td><td>45.00</td><td>15.92</td></tr>
</table>

1 Round	2 Round
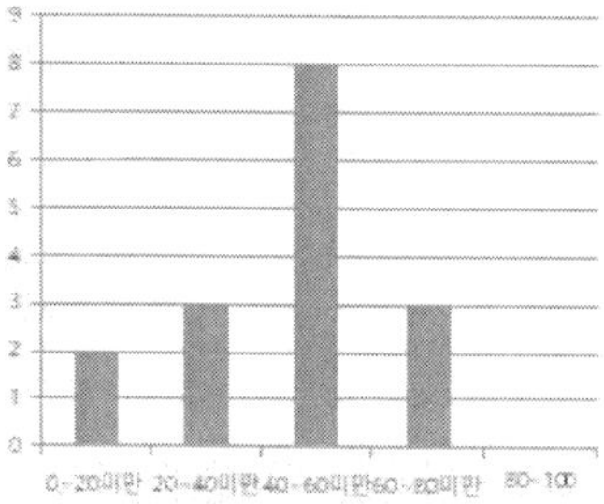 n:16, 평균:42.81, 표준편차:19.15 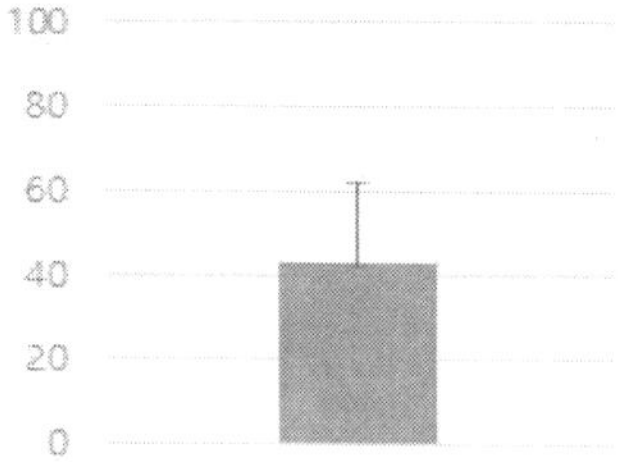 n:16, 평균:42.81, 표준편차:19.15 튜브트레일러 및 파이프 라인 기술 개발에 대한 정부 지원의 정도를 묻는 질문에 1차 2차 모두 42-45%대의 지원률이 필요함을 제시하고 있다. 공공성이 있는 분야이나 상대적으로 타 기술 분야 대비 정부 의존도가 낮을 수 있는 분야임을 제시하고 있고, 그래프 상으로는 1차 2차 모두 40-60% 구간에 가장 많은 의견이 모여 있다.	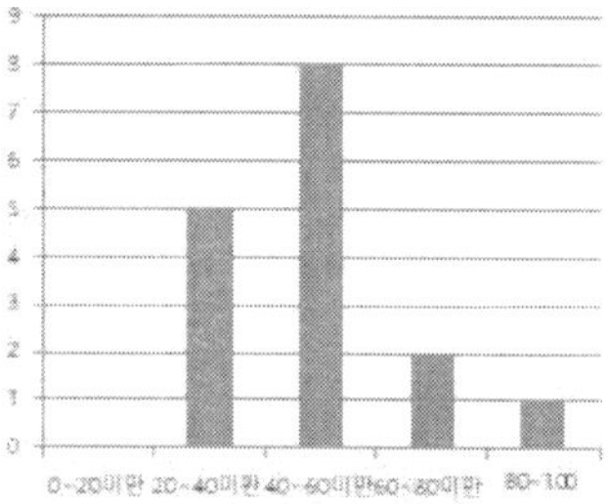 n:16, 평균:45, 표준편차:15.92 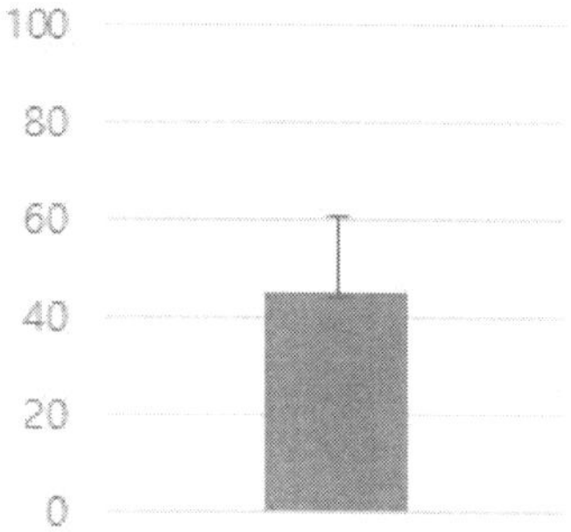 n:16, 평균:45, 표준편차:15.92

Q.4-1-⑫	신에너지 스테이션, 연료전지	44.38	20.24	48.13	13.77

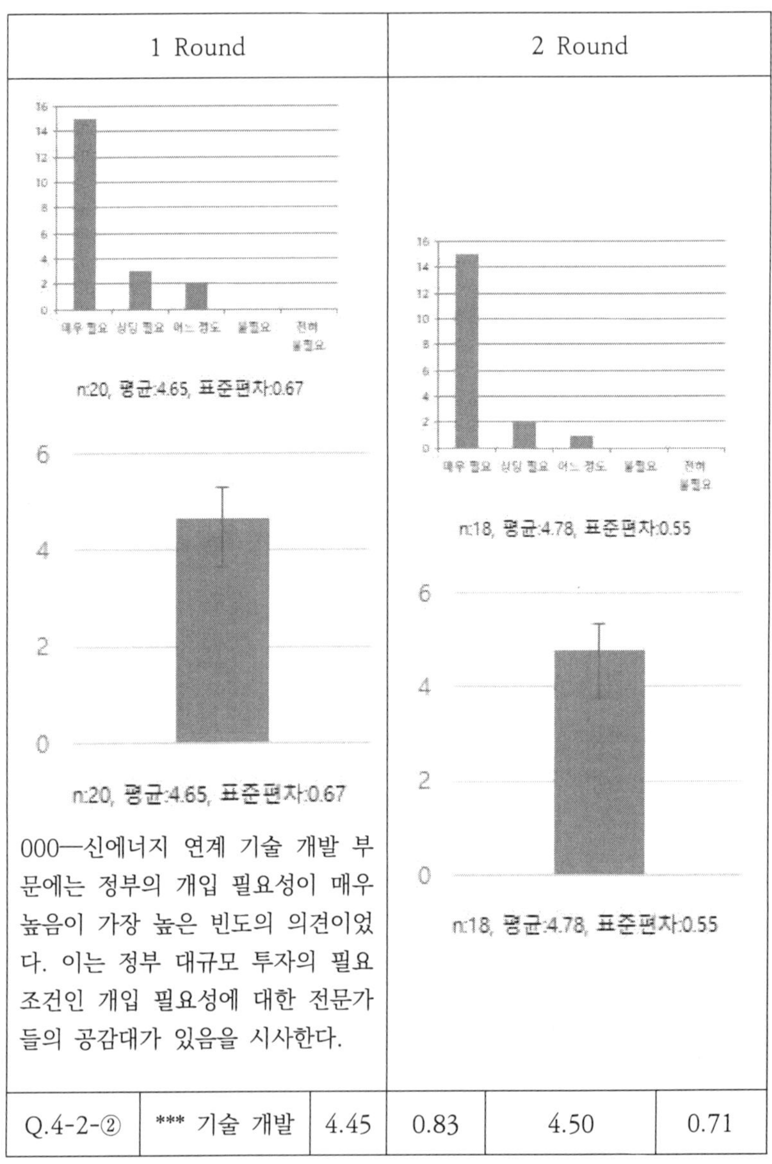

1 Round	2 Round
n:20, 평균:4.65, 표준편차:0.67 n:20, 평균:4.65, 표준편차:0.67 000—신에너지 연계 기술 개발 부문에는 정부의 개입 필요성이 매우 높음이 가장 높은 빈도의 의견이었다. 이는 정부 대규모 투자의 필요조건인 개입 필요성에 대한 전문가들의 공감대가 있음을 시사한다.	n:18, 평균:4.78, 표준편차:0.55 n:18, 평균:4.78, 표준편차:0.55

Q.4-2-②	*** 기술 개발	4.45	0.83	4.50	0.71

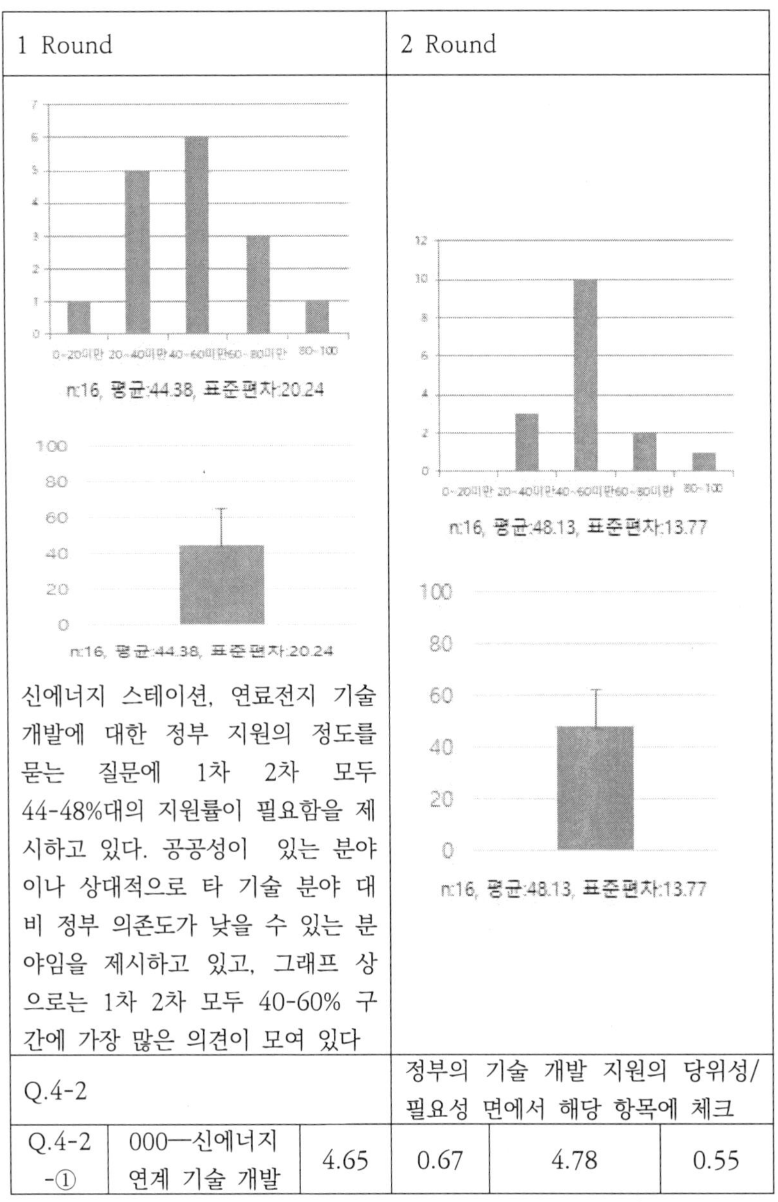

<table>
<tr><td colspan="3">1 Round</td><td colspan="3">2 Round</td></tr>
<tr><td colspan="3">n:16, 평균:44.38, 표준편차:20.24
n:16, 평균:44.38, 표준편차:20.24
신에너지 스테이션, 연료전지 기술 개발에 대한 정부 지원의 정도를 묻는 질문에 1차 2차 모두 44-48%대의 지원률이 필요함을 제시하고 있다. 공공성이 있는 분야이나 상대적으로 타 기술 분야 대비 정부 의존도가 낮을 수 있는 분야임을 제시하고 있고, 그래프 상으로는 1차 2차 모두 40-60% 구간에 가장 많은 의견이 모여 있다</td><td colspan="3">n:16, 평균:48.13, 표준편차:13.77
n:16, 평균:48.13, 표준편차:13.77</td></tr>
<tr><td colspan="3">Q.4-2</td><td colspan="3">정부의 기술 개발 지원의 당위성/필요성 면에서 해당 항목에 체크</td></tr>
<tr><td>Q.4-2 -①</td><td>000—신에너지 연계 기술 개발</td><td>4.65</td><td>0.67</td><td>4.78</td><td>0.55</td></tr>
</table>

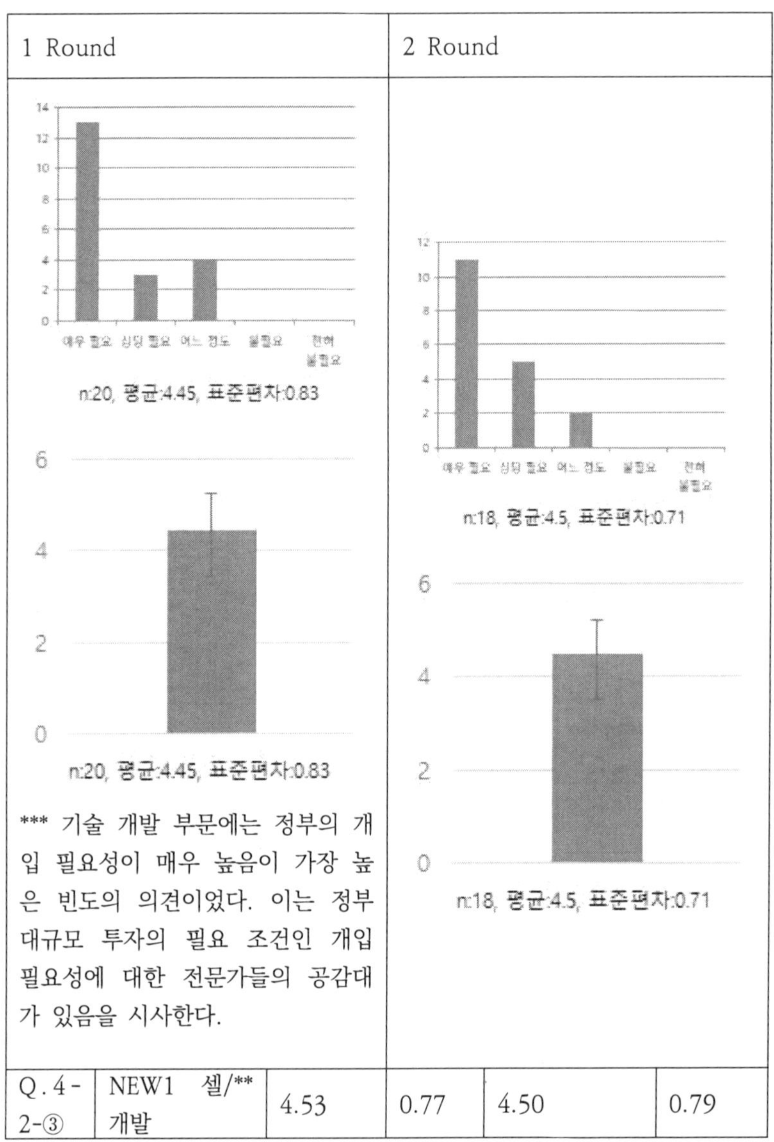

1 Round	2 Round
n:20, 평균:4.45, 표준편차:0.83 n:20, 평균:4.45, 표준편차:0.83 *** 기술 개발 부문에는 정부의 개입 필요성이 매우 높음이 가장 높은 빈도의 의견이었다. 이는 정부 대규모 투자의 필요 조건인 개입 필요성에 대한 전문가들의 공감대가 있음을 시사한다.	n:18, 평균:4.5, 표준편차:0.71 n:18, 평균:4.5, 표준편차:0.71

Q.4-2-③	NEW1 셀/** 개발	4.53	0.77	4.50	0.79

<table>
<tr><td colspan="3">1 Round</td><td colspan="3">2 Round</td></tr>
<tr><td colspan="3"> 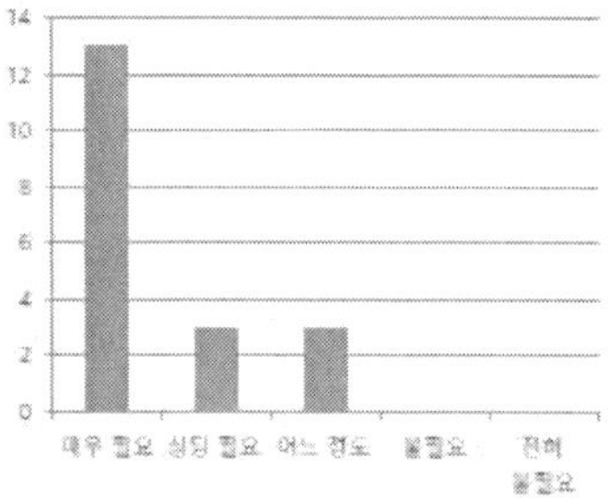n:19, 평균:4.53, 표준편차:0.77 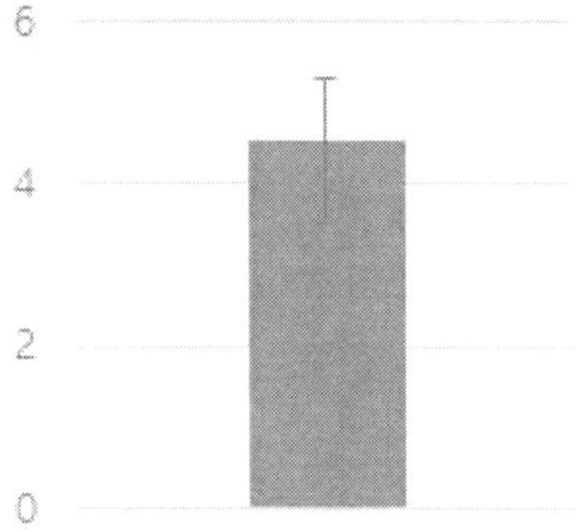

n:19, 평균:4.53, 표준편차:0.77

NEW1 셀/** 개발 부문에는 정부의 개입 필요성이 매우 높음이 가장 높은 빈도의 의견이었다. 이는 정부 대규모 투자의 필요 조건인 개입 필요성에 대한 전문가들의 공감대가 있음을 시사한다.</td><td colspan="3"> 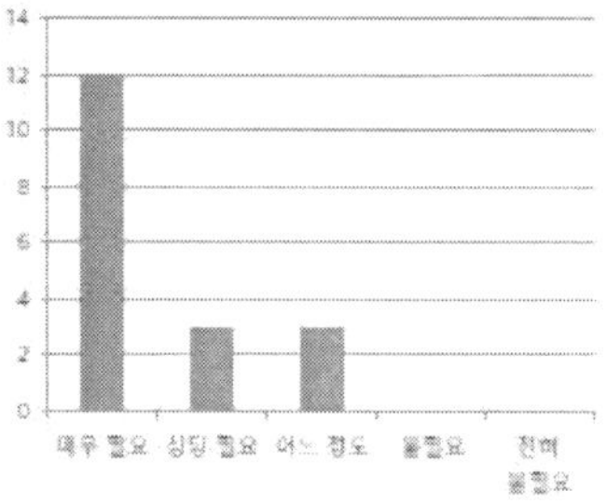n:18, 평균:4.5, 표준편차:0.79 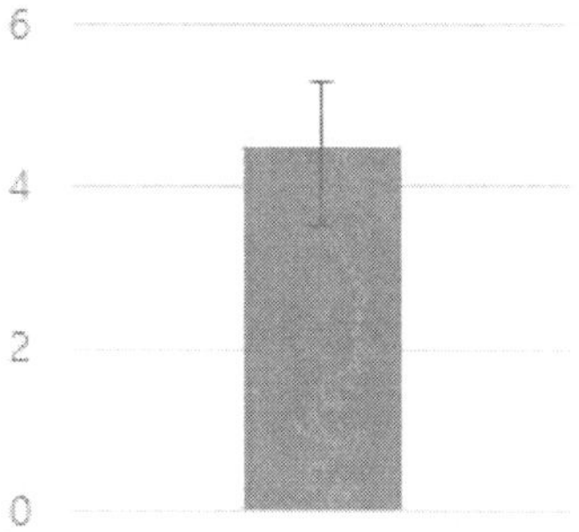

n:18, 평균:4.5, 표준편차:0.79</td></tr>
<tr><td>Q.4-2-④</td><td>BOP 시스템 표준화 및 기기 국산화</td><td>3.94</td><td>0.64</td><td>4.00</td><td>0.49</td></tr>
</table>

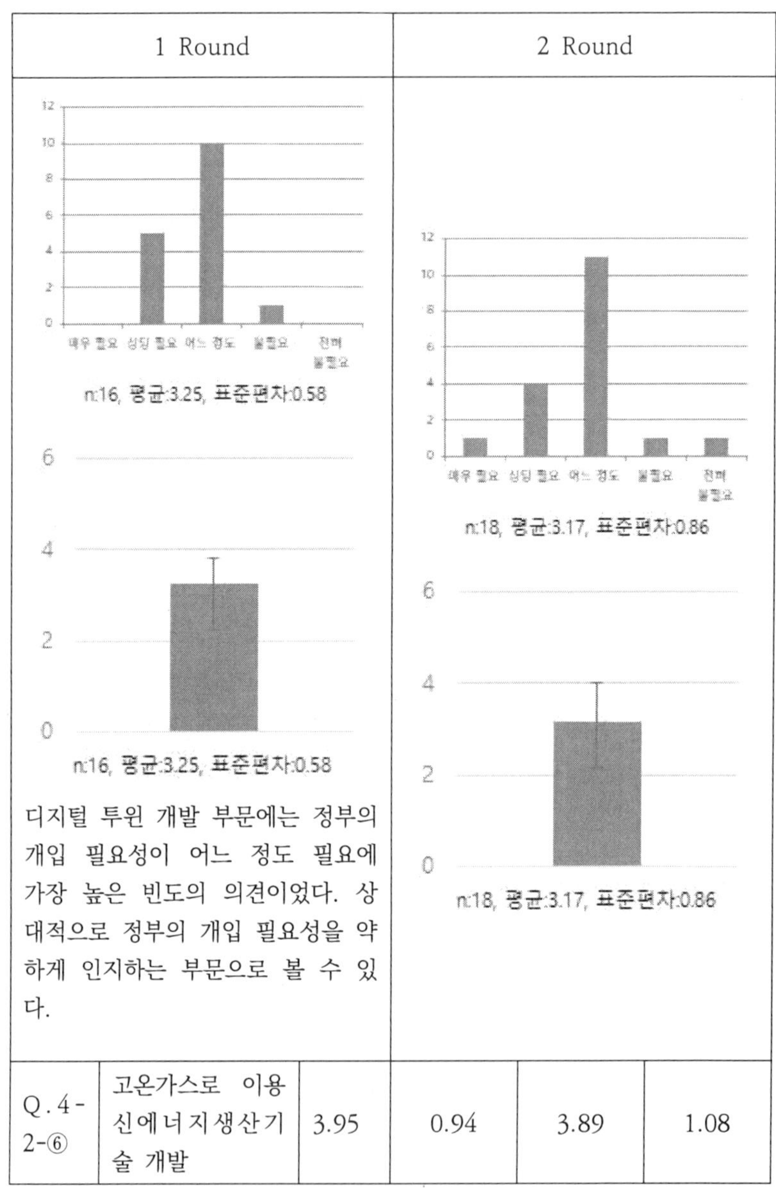

		1 Round	2 Round		
		디지털 투윈 개발 부문에는 정부의 개입 필요성이 어느 정도 필요에 가장 높은 빈도의 의견이었다. 상대적으로 정부의 개입 필요성을 약하게 인지하는 부문으로 볼 수 있다.			
Q.4-2-⑥	고온가스로 이용 신에너지생산기술 개발	3.95	0.94	3.89	1.08

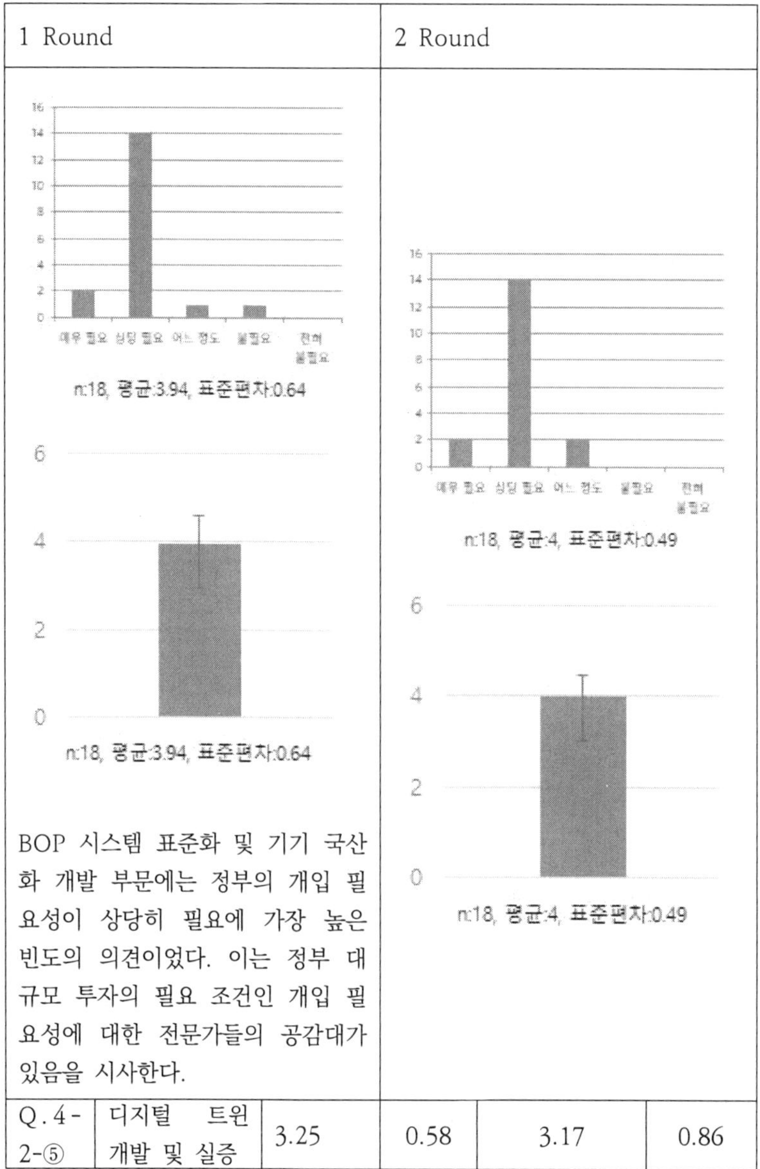

1 Round			2 Round		
BOP 시스템 표준화 및 기기 국산화 개발 부문에는 정부의 개입 필요성이 상당히 필요에 가장 높은 빈도의 의견이었다. 이는 정부 대규모 투자의 필요 조건인 개입 필요성에 대한 전문가들의 공감대가 있음을 시사한다.					
Q.4-2-⑤	디지털 트윈 개발 및 실증	3.25	0.58	3.17	0.86

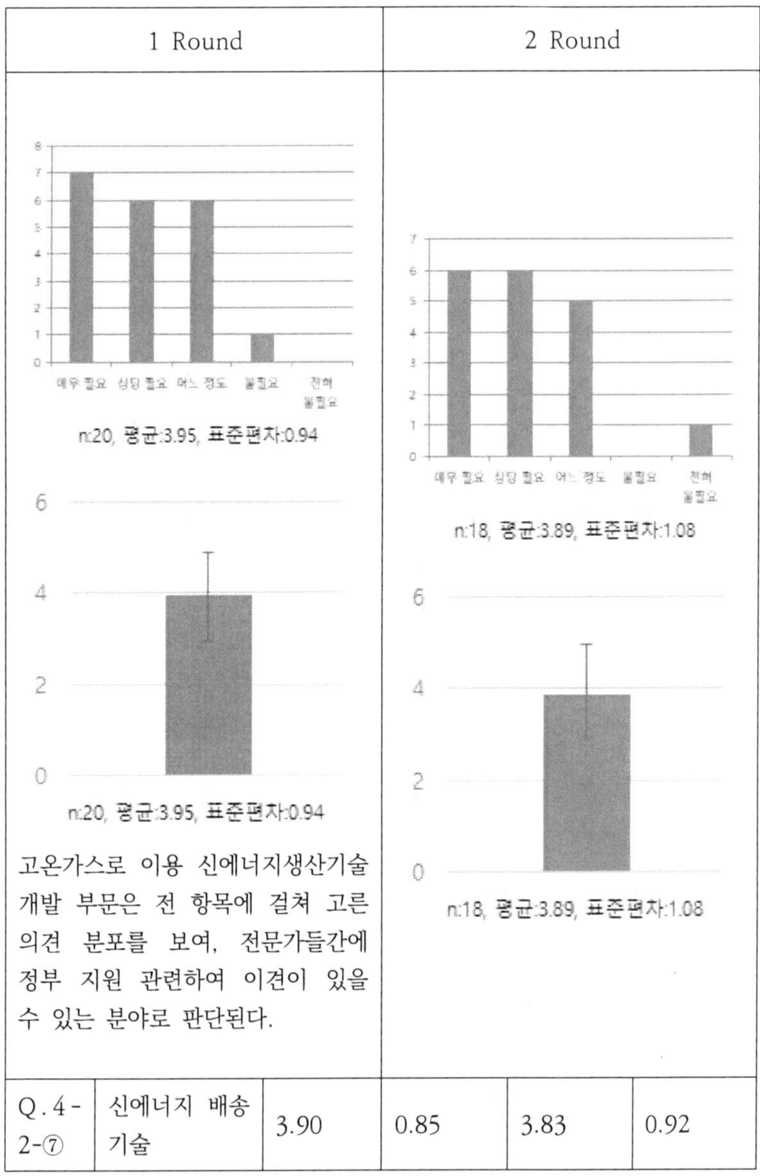

고온가스로 이용 신에너지생산기술 개발 부문은 전 항목에 걸쳐 고른 의견 분포를 보여, 전문가들간에 정부 지원 관련하여 이견이 있을 수 있는 분야로 판단된다.

Q.4-2-⑦	신에너지 배송 기술	3.90	0.85	3.83	0.92

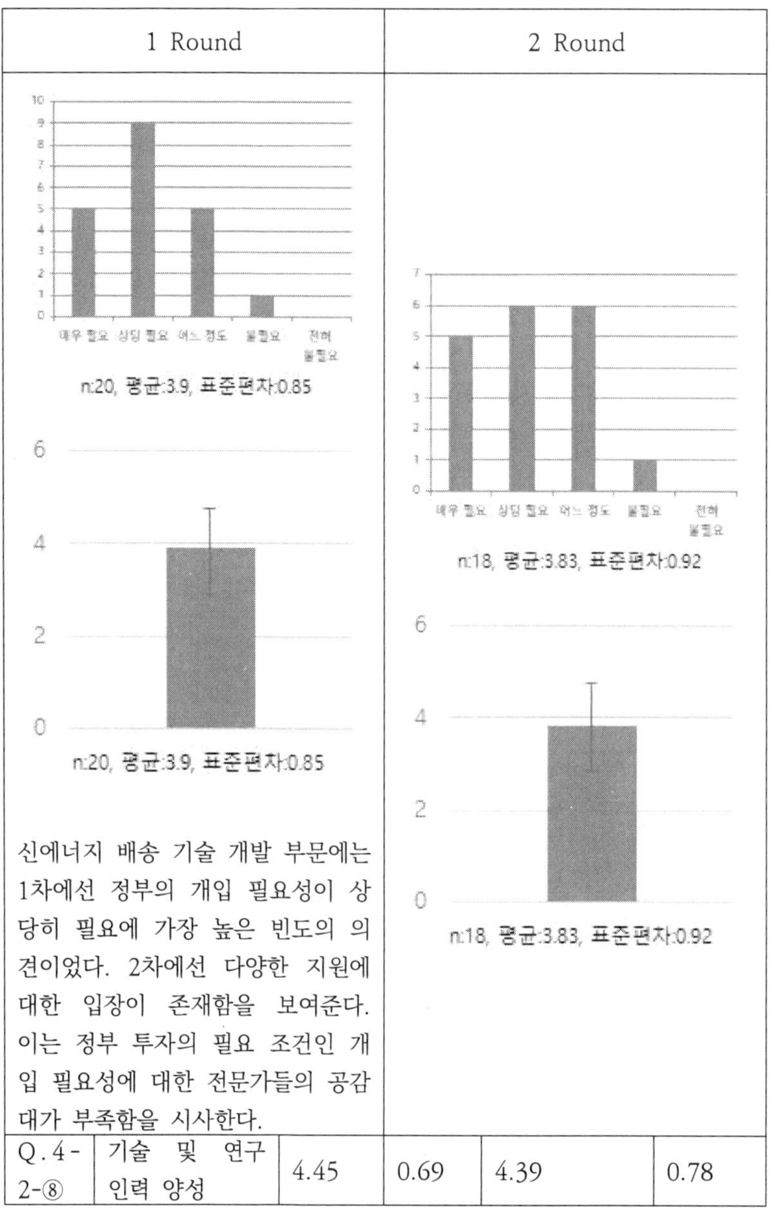

<table>
<tr><td colspan="3">1 Round</td><td colspan="3">2 Round</td></tr>
<tr><td colspan="3">신에너지 배송 기술 개발 부문에는 1차에선 정부의 개입 필요성이 상당히 필요에 가장 높은 빈도의 의견이었다. 2차에선 다양한 지원에 대한 입장이 존재함을 보여준다. 이는 정부 투자의 필요 조건인 개입 필요성에 대한 전문가들의 공감대가 부족함을 시사한다.</td><td colspan="3"></td></tr>
<tr><td>Q.4-2-⑧</td><td>기술 및 연구 인력 양성</td><td>4.45</td><td>0.69</td><td>4.39</td><td>0.78</td></tr>
</table>

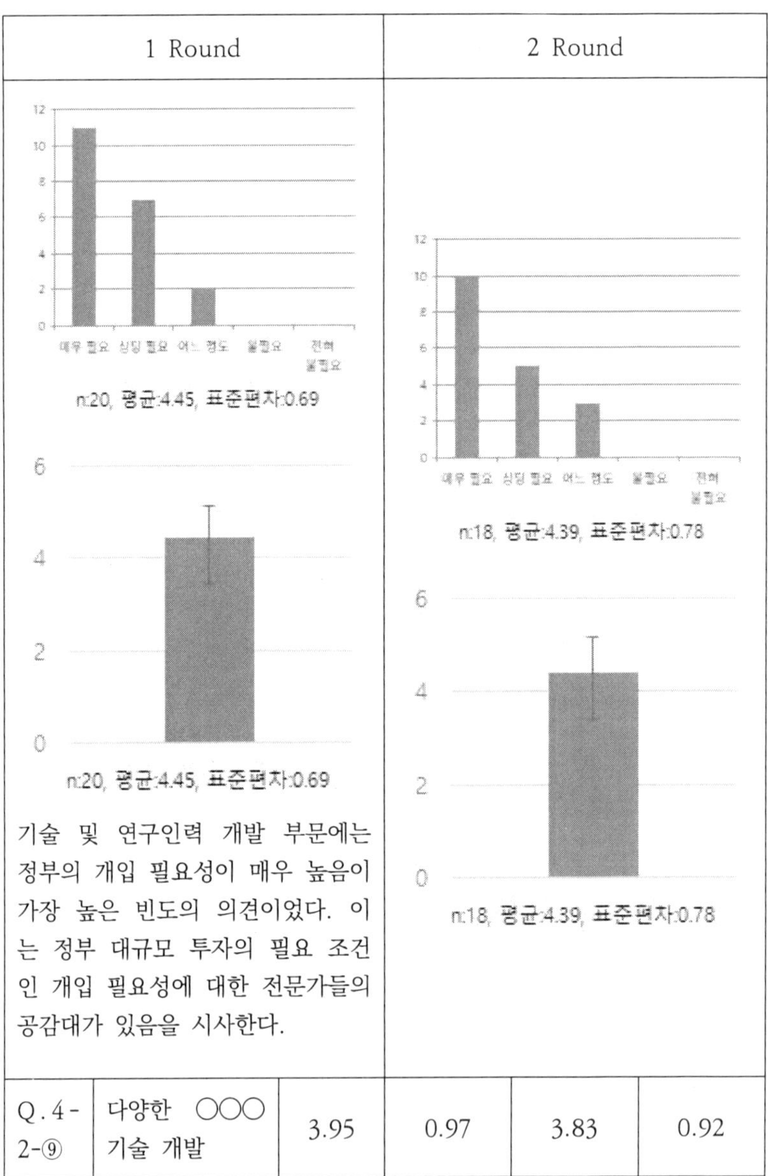

기술 및 연구인력 개발 부문에는 정부의 개입 필요성이 매우 높음이 가장 높은 빈도의 의견이었다. 이는 정부 대규모 투자의 필요 조건인 개입 필요성에 대한 전문가들의 공감대가 있음을 시사한다.

Q.4-2-⑨	다양한 ○○○ 기술 개발	3.95	0.97	3.83	0.92

1 Round			2 Round		
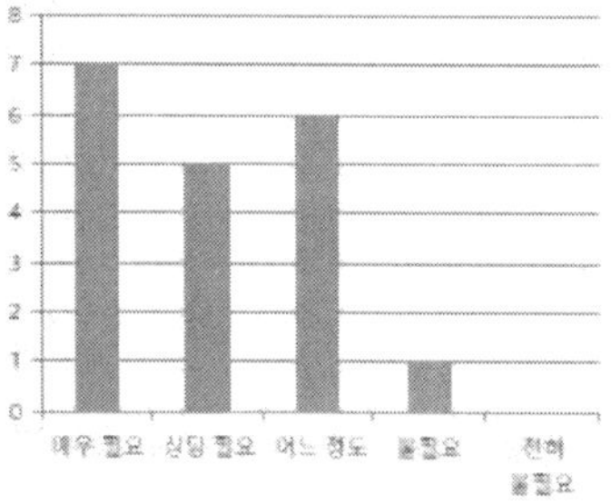 n:19, 평균:3.95, 표준편차:0.97 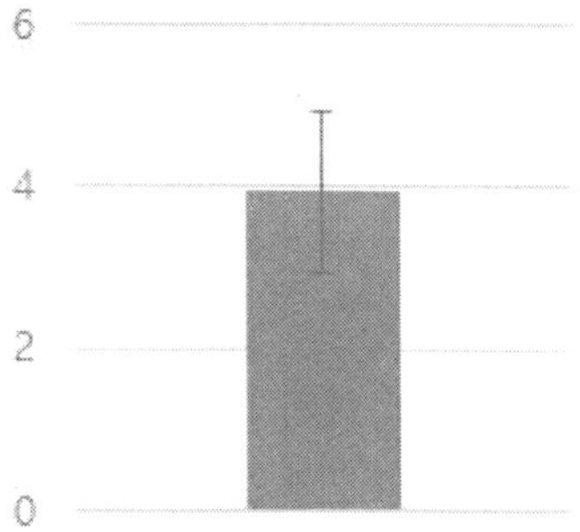 n:19, 평균:3.95, 표준편차:0.97 다양한 ○○○ 기술 개발 부문은 전 항목에 걸쳐 고른 의견 분포를 보여, 전문가들간에 정부 지원 관련하여 이견이 있을 수 있는 분야로 판단된다.			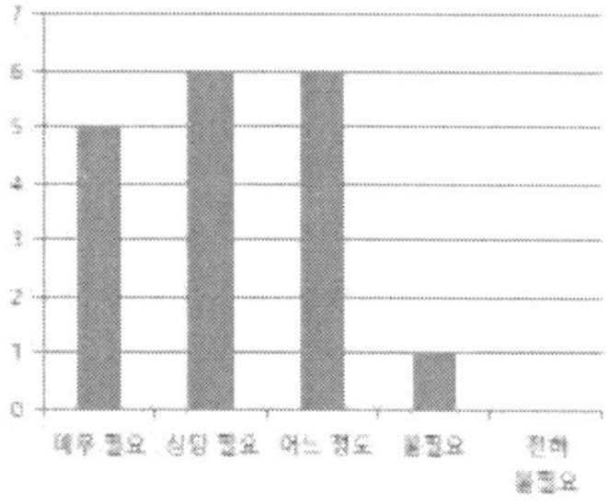 n:18, 평균:3.83, 표준편차:0.92 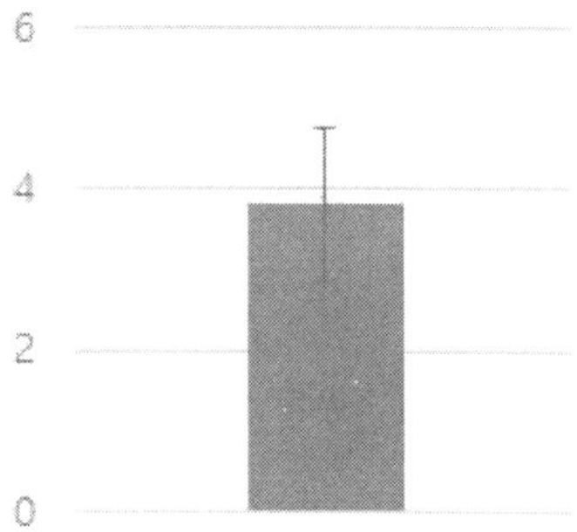 n:18, 평균:3.83, 표준편차:0.92		
Q.4-2-⑩	신에너지저장: 고압 압축저장 설비	3.74	0.99	3.61	0.98

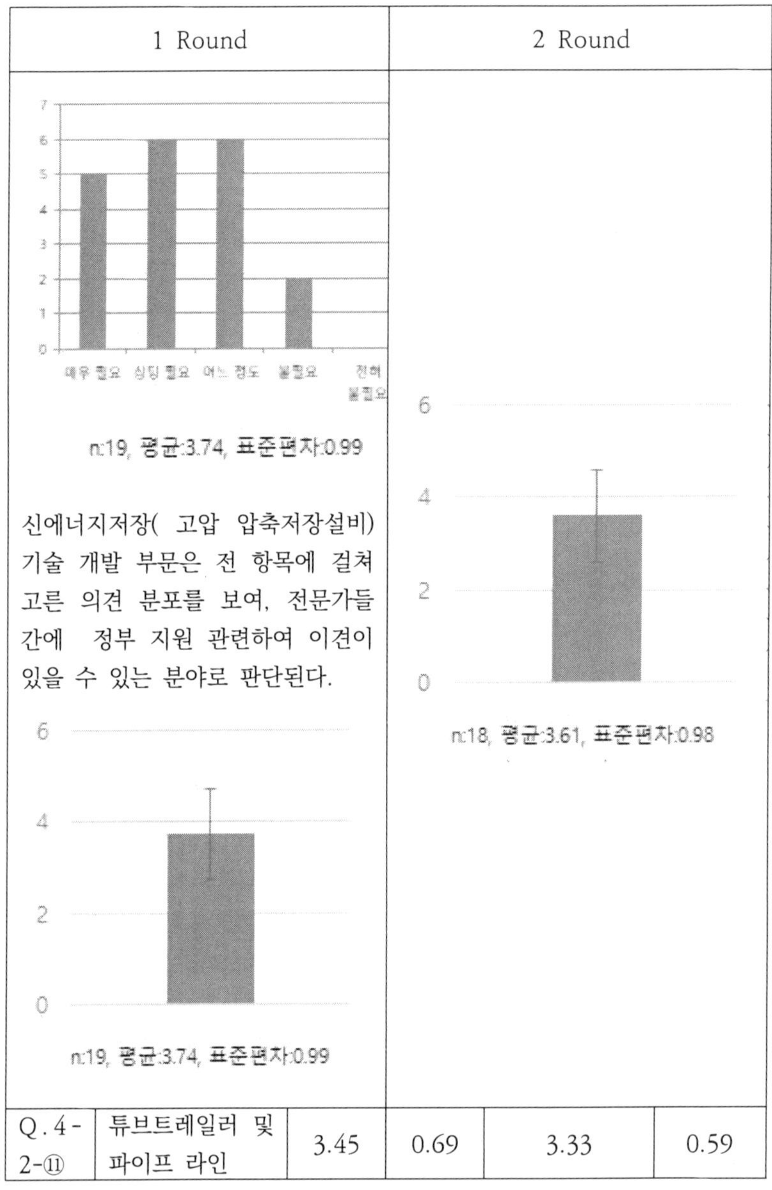

1 Round			2 Round		
매우 필요 / 상당 필요 / 어느 정도 / 불필요 / 전혀 불필요 n:19, 평균:3.74, 표준편차:0.99 신에너지저장(고압 압축저장설비) 기술 개발 부문은 전 항목에 걸쳐 고른 의견 분포를 보여, 전문가들 간에 정부 지원 관련하여 이견이 있을 수 있는 분야로 판단된다. n:19, 평균:3.74, 표준편차:0.99			n:18, 평균:3.61, 표준편차:0.98		
Q.4-2-⑪	튜브트레일러 및 파이프 라인	3.45	0.69	3.33	0.59

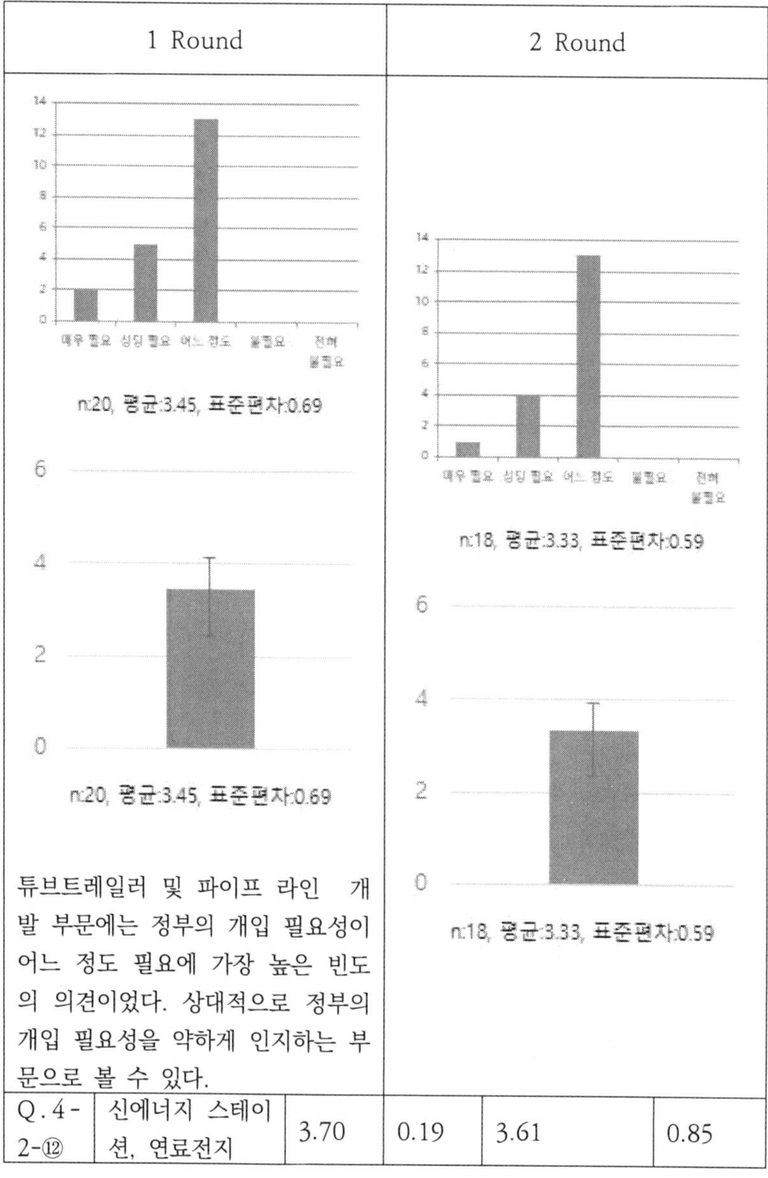

<table>
<tr><th colspan="3">1 Round</th><th colspan="3">2 Round</th></tr>
<tr><td colspan="3">튜브트레일러 및 파이프 라인 개발 부문에는 정부의 개입 필요성이 어느 정도 필요에 가장 높은 빈도의 의견이었다. 상대적으로 정부의 개입 필요성을 약하게 인지하는 부문으로 볼 수 있다.</td><td colspan="3"></td></tr>
<tr><td>Q.4-2-⑫</td><td>신에너지 스테이션, 연료전지</td><td>3.70</td><td>0.19</td><td>3.61</td><td>0.85</td></tr>
</table>

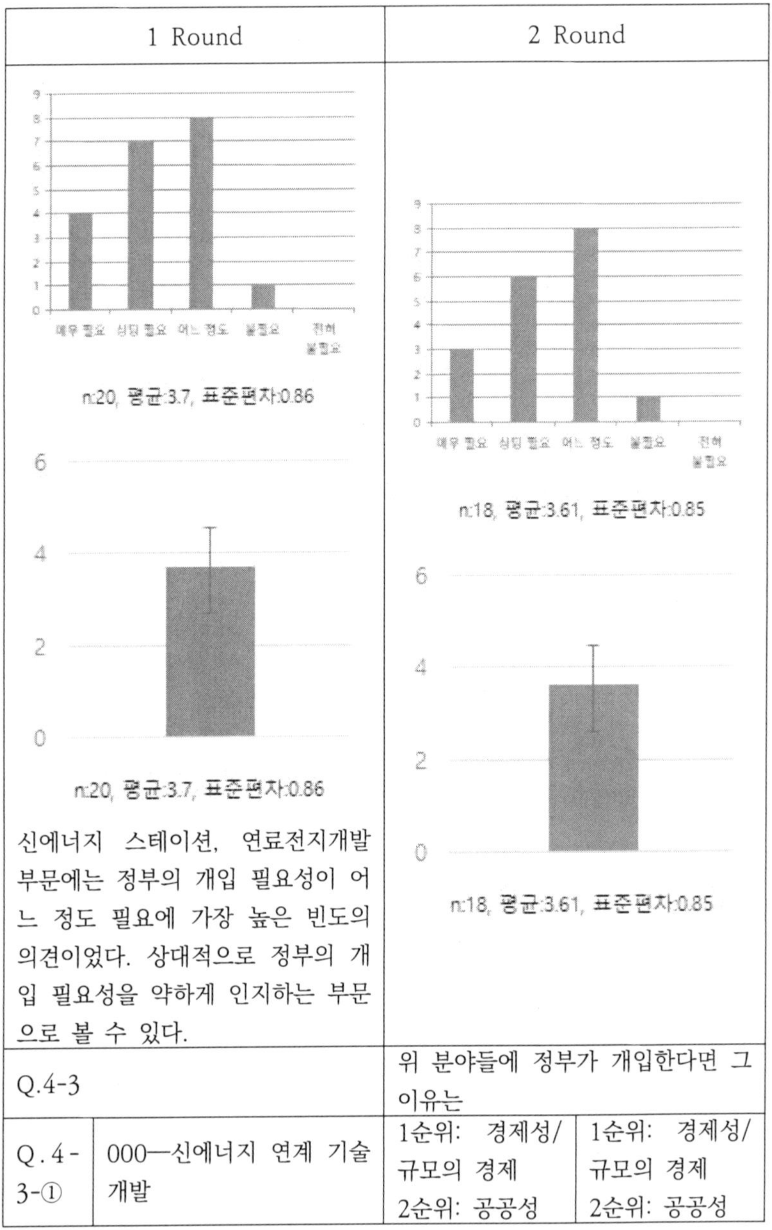

1 Round		2 Round	
n:20, 평균:3.7, 표준편차:0.86 n:20, 평균:3.7, 표준편차:0.86 신에너지 스테이션, 연료전지개발 부문에는 정부의 개입 필요성이 어느 정도 필요에 가장 높은 빈도의 의견이었다. 상대적으로 정부의 개입 필요성을 약하게 인지하는 부문으로 볼 수 있다.		n:18, 평균:3.61, 표준편차:0.85 n:18, 평균:3.61, 표준편차:0.85	
Q.4-3		위 분야들에 정부가 개입한다면 그 이유는	
Q.4-3-①	000—신에너지 연계 기술 개발	1순위: 경제성/규모의 경제 2순위: 공공성	1순위: 경제성/규모의 경제 2순위: 공공성

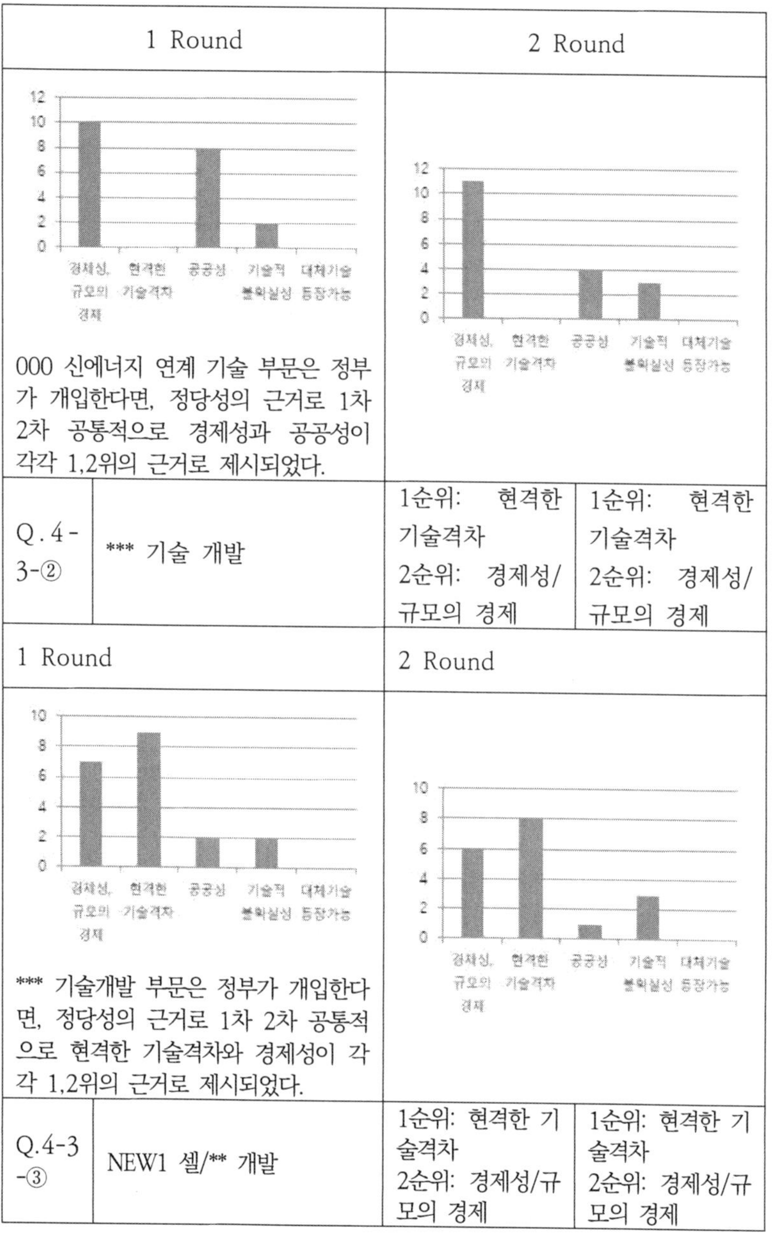

1 Round		2 Round	
000 신에너지 연계 기술 부문은 정부가 개입한다면, 정당성의 근거로 1차 2차 공통적으로 경제성과 공공성이 각각 1,2위의 근거로 제시되었다.			
Q.4-3-②	*** 기술 개발	1순위: 현격한 기술격차 2순위: 경제성/규모의 경제	1순위: 현격한 기술격차 2순위: 경제성/규모의 경제
1 Round		2 Round	
*** 기술개발 부문은 정부가 개입한다면, 정당성의 근거로 1차 2차 공통적으로 현격한 기술격차와 경제성이 각각 1,2위의 근거로 제시되었다.			
Q.4-3-③	NEW1 셀/** 개발	1순위: 현격한 기술격차 2순위: 경제성/규모의 경제	1순위: 현격한 기술격차 2순위: 경제성/규모의 경제

<table>
<tr><th colspan="2">1 Round</th><th colspan="2">2 Round</th></tr>
<tr><td colspan="2">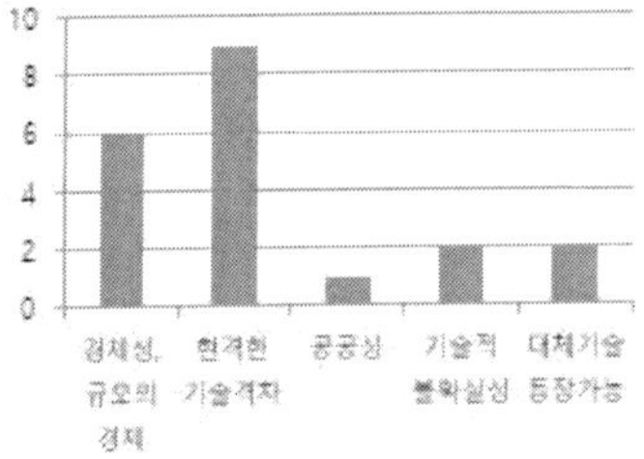

NEW1 셀/** 개발 부문은 정부가 개입한다면, 정당성의 근거로 1차 2차 공통적으로 현격한 기술격차와 경제성이 각각 1,2위의 근거로 제시되었다.</td><td colspan="2">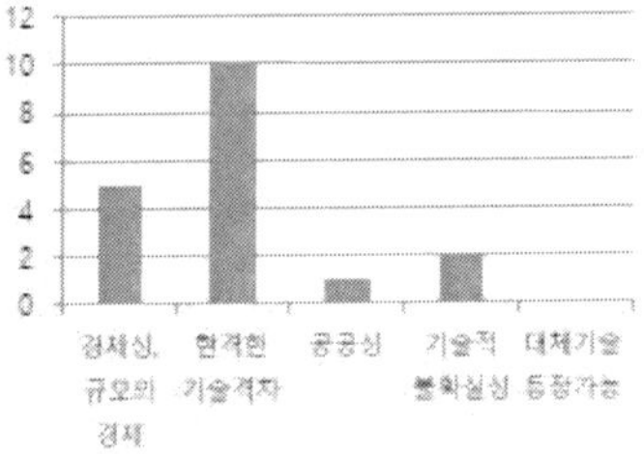
</td></tr>
<tr><td>Q.4-3-④</td><td>BOP 시스템 표준화 및 기기 국산화</td><td>1순위: 경제성/ 규모의 경제
2순위: 공공성</td><td>1순위: 현격한 기술격차
2순위: 경제성/ 규모의 경제</td></tr>
</table>

1 Round		2 Round	
경제성, 규모의 경제 / 현격한 기술격차 / 공공성 / 기술적 불확실성 / 대체기술 등장가능 BOP 시스템 표준화 및 기기 국산화 부문은 정부가 개입한다면, 정당성의 근거로 1차에선 경제성과 공공성이, 2차에선 현격한 기술격차와 경제성이 각각 1,2위의 근거로 제시되었다. 여전히 정부 개입의 당위성을 뒷받침해주는 논거로 충분성을 지닌다.		경제성, 규모의 경제 / 현격한 기술격차 / 공공성 / 기술적 불확실성 / 대체기술 등장가능	
Q.4-3-⑤	디지털 트윈 개발 및 실증	1순위: 기술적 불확실성 2순위: 공공성	1순위: 기술적 불확실성 2순위: 경제성/규모의 경제

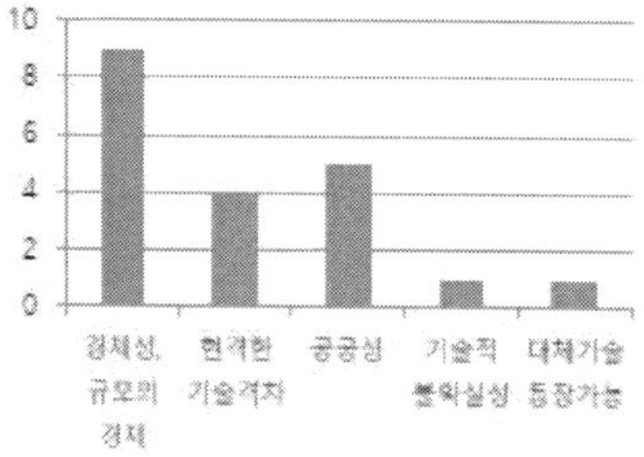

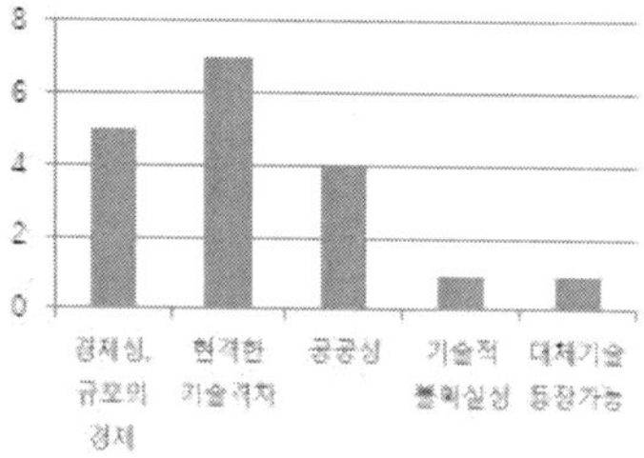

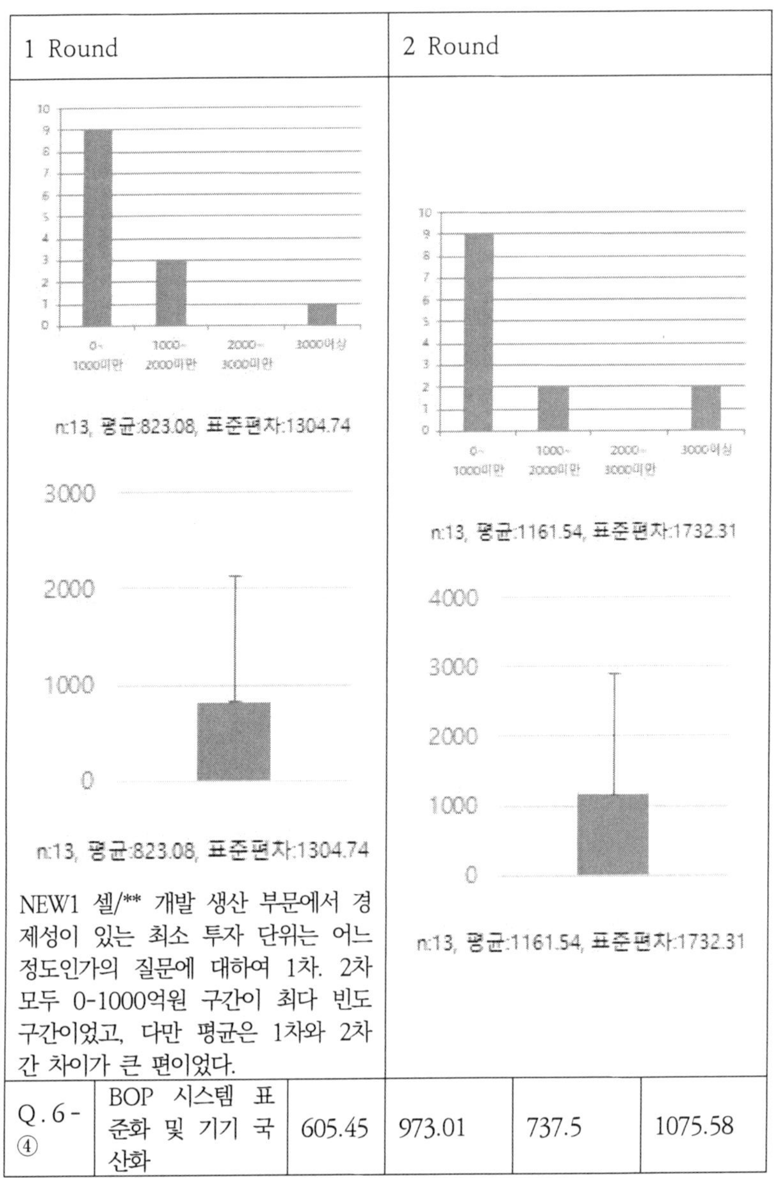

NEW1 셀/** 개발 생산 부문에서 경제성이 있는 최소 투자 단위는 어느 정도인가의 질문에 대하여 1차, 2차 모두 0-1000억원 구간이 최다 빈도 구간이었고, 다만 평균은 1차와 2차 간 차이가 큰 편이었다.

Q.6-④	BOP 시스템 표준화 및 기기 국산화	605.45	973.01	737.5	1075.58

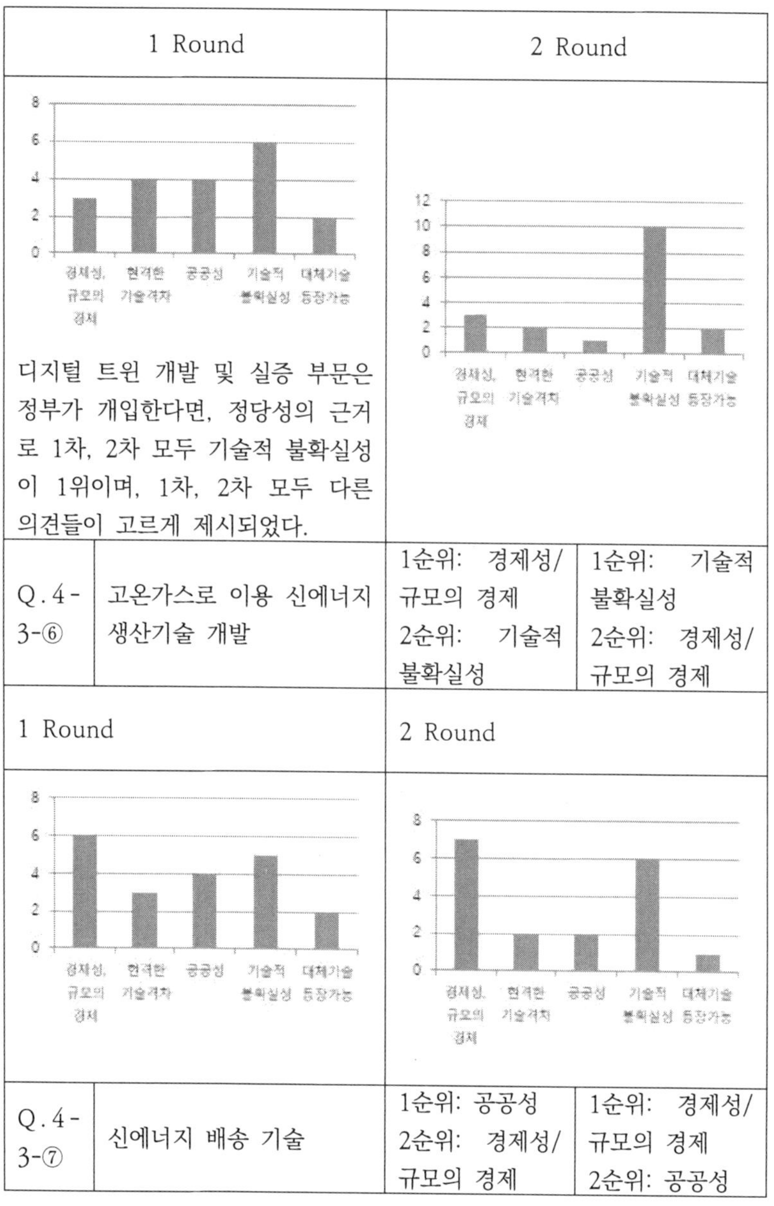

1 Round		2 Round	
디지털 트윈 개발 및 실증 부문은 정부가 개입한다면, 정당성의 근거로 1차, 2차 모두 기술적 불확실성이 1위이며, 1차, 2차 모두 다른 의견들이 고르게 제시되었다.			
Q.4-3-⑥	고온가스로 이용 신에너지 생산기술 개발	1순위: 경제성/규모의 경제 2순위: 기술적 불확실성	1순위: 기술적 불확실성 2순위: 경제성/규모의 경제
1 Round		2 Round	
Q.4-3-⑦	신에너지 배송 기술	1순위: 공공성 2순위: 경제성/규모의 경제	1순위: 경제성/규모의 경제 2순위: 공공성

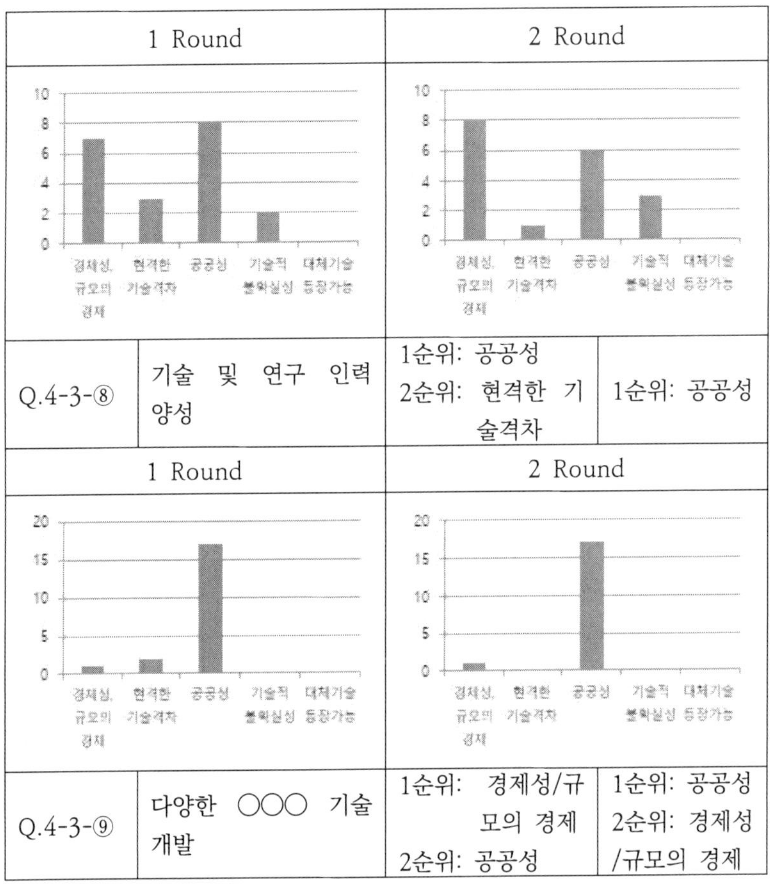

1 Round		2 Round	
Q.4-3-⑧	기술 및 연구 인력 양성	1순위: 공공성 2순위: 현격한 기술격차	1순위: 공공성
1 Round		2 Round	
Q.4-3-⑨	다양한 ○○○ 기술 개발	1순위: 경제성/규모의 경제 2순위: 공공성	1순위: 공공성 2순위: 경제성/규모의 경제

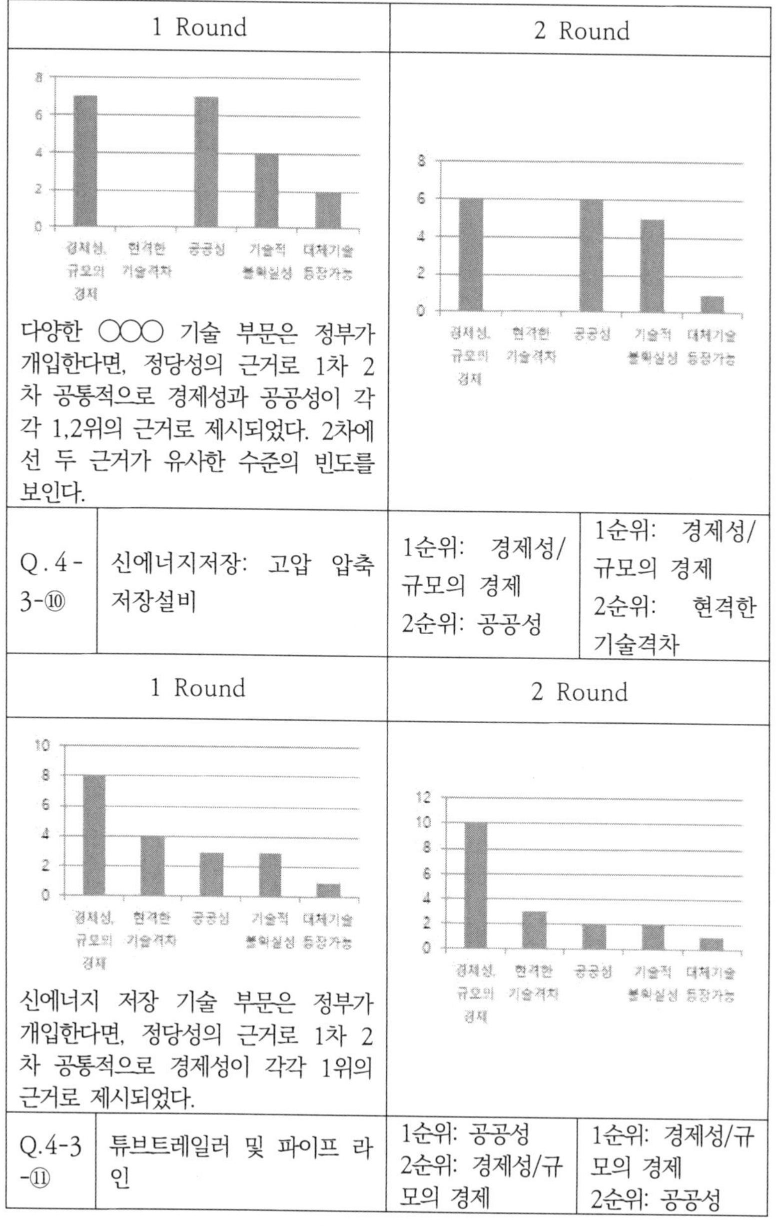

1 Round		2 Round	
다양한 ○○○ 기술 부문은 정부가 개입한다면, 정당성의 근거로 1차 2차 공통적으로 경제성과 공공성이 각각 1,2위의 근거로 제시되었다. 2차에선 두 근거가 유사한 수준의 빈도를 보인다.			
Q.4-3-⑩	신에너지저장: 고압 압축 저장설비	1순위: 경제성/규모의 경제 2순위: 공공성	1순위: 경제성/규모의 경제 2순위: 현격한 기술격차
1 Round		2 Round	
신에너지 저장 기술 부문은 정부가 개입한다면, 정당성의 근거로 1차 2차 공통적으로 경제성이 각각 1위의 근거로 제시되었다.			
Q.4-3-⑪	튜브트레일러 및 파이프 라인	1순위: 공공성 2순위: 경제성/규모의 경제	1순위: 경제성/규모의 경제 2순위: 공공성

<table>
<tr><td colspan="2">1 Round</td><td colspan="2">2 Round</td></tr>
<tr><td colspan="2"> 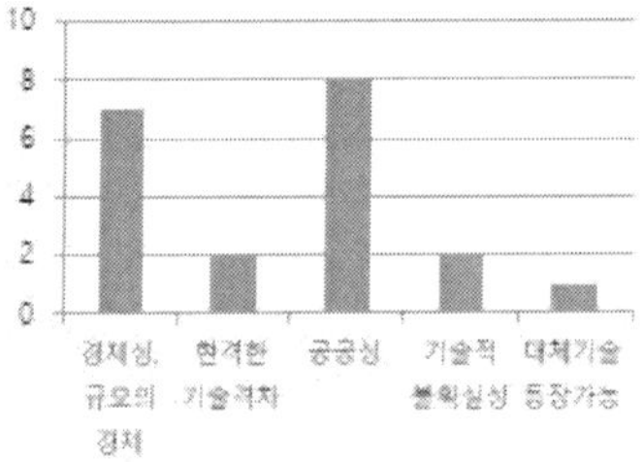튜브트레일러 및 파이프 라인 기술 부문은 정부가 개입한다면, 정당성의 근거로 1차 2차 공통적으로 경제성과 공공성이 각각 1,2위의 근거로 제시되었다.</td><td colspan="2"> 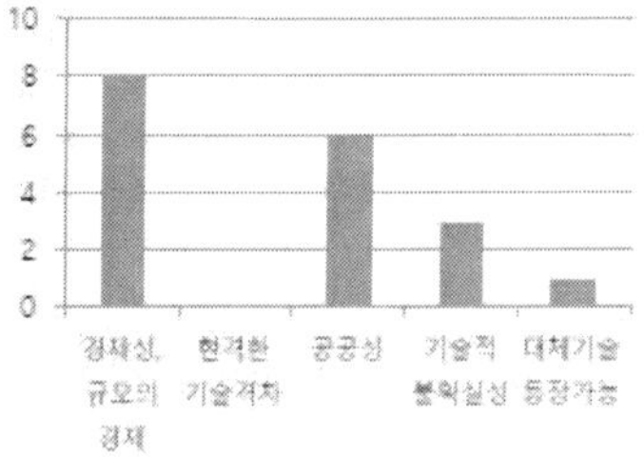</td></tr>
<tr><td>Q.4-3-⑫</td><td>신에너지 스테이션, 연료전지</td><td>1순위: 경제성/규모의 경제
2순위: 공공성</td><td>1순위: 경제성/규모의 경제
2순위: 공공성</td></tr>
</table>

<table>
<tr><td colspan="2">1 Round</td><td colspan="2">2 Round</td></tr>
<tr><td colspan="2">경제성, 규모의 경제 / 현격한 기술격차 / 공공성 / 기술적 불확실성 / 대체기술 등장가능

신에너지 스테이션 및 연료전지 기술 부문은 정부가 개입한다면, 정당성의 근거로 1차 2차 공통적으로 경제성과 공공성이 각각 1,2위의 근거로 제시되었다.</td><td colspan="2">경제성, 규모의 경제 / 현격한 기술격차 / 공공성 / 기술적 불확실성 / 대체기술 등장가능</td></tr>
<tr><td colspan="2">Q.5</td><td colspan="2">앞에서 언급되지 않은 기술 및 기술요소들 중 신에너지생산 유통에 긴요한 분야가 있다면 무엇인가</td></tr>
<tr><td>Q.5-1</td><td>이 기술/기술요소는 무엇인가</td><td>암모니아 저장 및 이용기술
LOHC/신에너지저장 기술
고효율*** 기술
메탄 열분해 기술..등</td><td>암모니아 저장 및 이용기술
LOHC/신에너지저장 기술
고효율*** 기술
메탄 열분해 기술..등</td></tr>
<tr><td colspan="2">1 Round
위 질문에 1 라운드에선 암모니아 저장 및 이송 가술이 가장 높은 빈도를 보였고,</td><td colspan="2">2 Round
2 라운드에선 암모니아 저장 및 이송과 함께 NEW1 셀 **기술이 제시되었고, 구체적인 기술 항목들은 1,2차 공통된 점이 특기할 만하다.</td></tr>
<tr><td colspan="2">1: 암모니아 저장 및 이송·이용 기술
2: 고온 직접 메탄 열분해 기술
3: LOHC/수소저장 기술
4: 에너지 커플링, 에너지 최적화
5: 수소 인수기지
6: 신재생연계 하이브리드 기술
7: SOEC 셀/스택 기술
8: 고효율 수전해 시스템 integration 기술</td><td colspan="2">1: 암모니아 생산 및 유통, 전환기술
2: 고온 직접 메탄 열분해 기술
3: LOHC/수소저장 기술
4: 에너지 커플링, 에너지 최적화
5: 수소 인수기지
6: 신재생연계 하이브리드 기술
7: SOEC 셀/스택 기술
8: 각종 세부/신규 규제 및 인허가
9: 발전이용</td></tr>
<tr><td>Q.5-2</td><td>이 분야의 선진국/(선도기업)은 미국과 독일이 지목되었다.</td><td>미국,
독일(sunfire)</td><td>미국,
독일(sunfire)</td></tr>
</table>

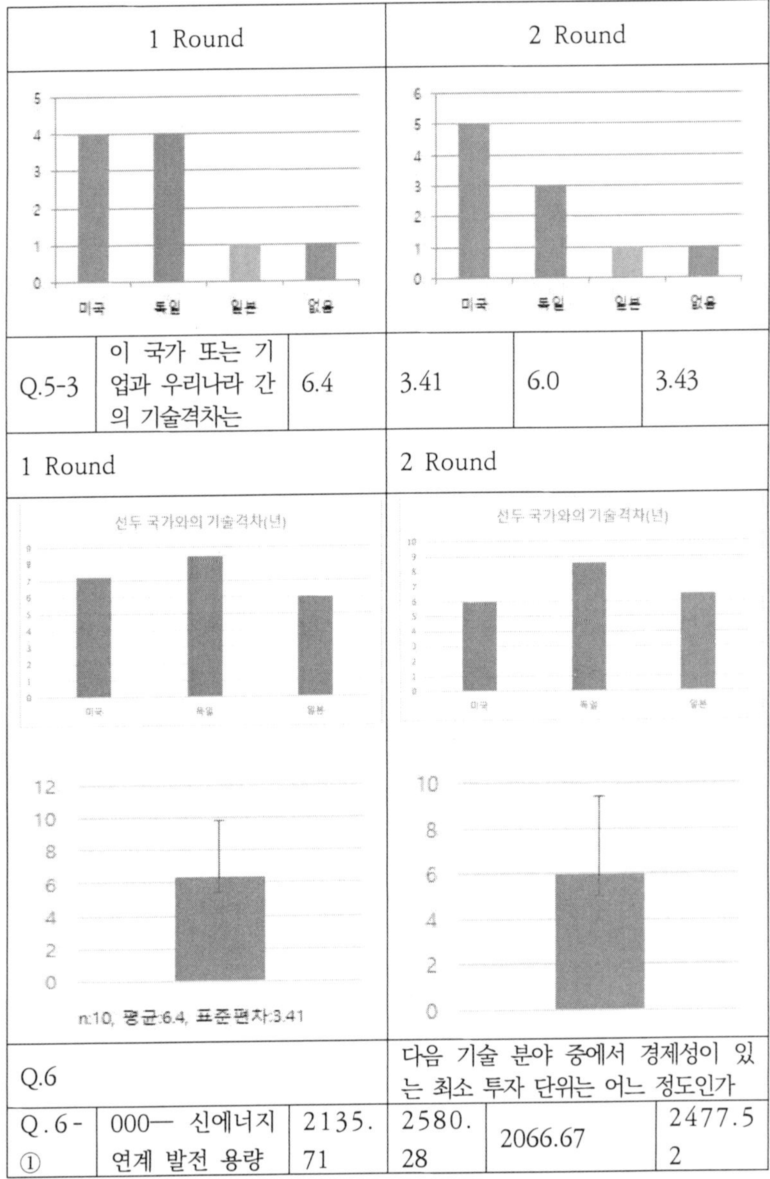

1 Round			2 Round		
Q.5-3	이 국가 또는 기업과 우리나라 간의 기술격차는	6.4	3.41	6.0	3.43
1 Round			2 Round		
Q.6			다음 기술 분야 중에서 경제성이 있는 최소 투자 단위는 어느 정도인가		
Q.6-①	000— 신에너지 연계 발전 용량	2135.71	2580.28	2066.67	2477.52

<table>
<tr><td colspan="3">1 Round</td><td colspan="3">2 Round</td></tr>
<tr><td colspan="3"> 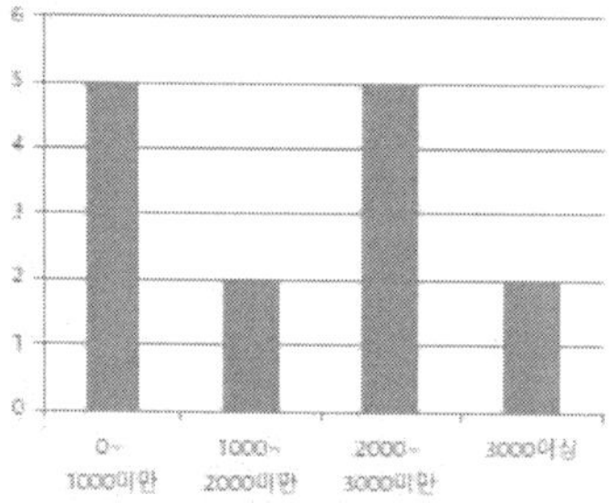n:14, 평균:2135.71, 표준편차:2580.28 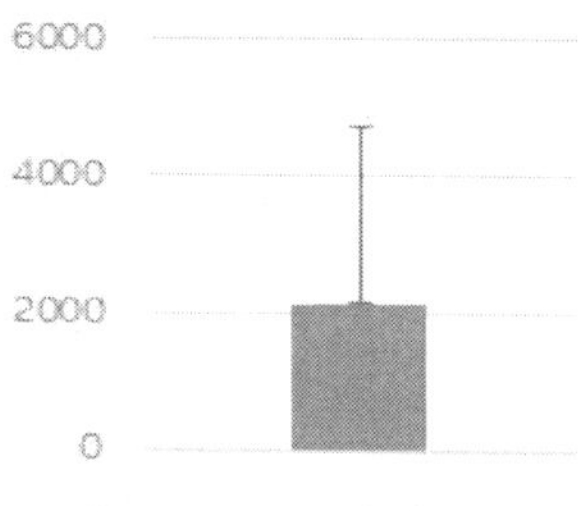

n:14, 평균:2135.71, 표준편차:2580.28

000— 신에너지 연계 발전 용량 부문에서 경제성이 있는 최소 투자 단위는 어느 정도인가의 질문에 대하여 1차에선 1000억 미만과 2000-3000억 구간이, 2차에선 2000-3000억원 구간이 가장 빈도가 높았고, 평균면에선 1,2차 모두 유사한 2000억원대의 수준을 보였다.</td><td colspan="3"> 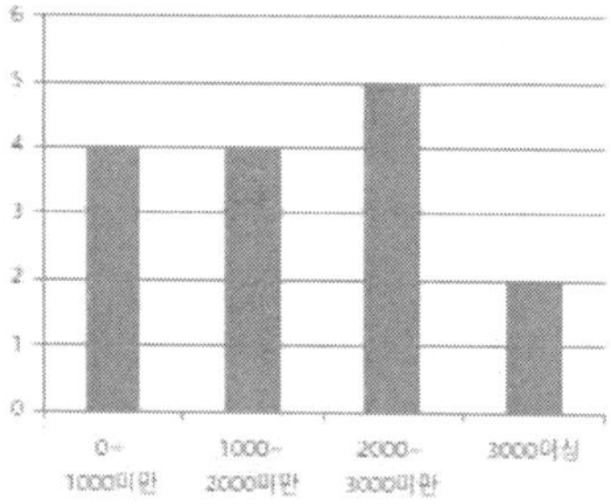n:15, 평균:2066.67, 표준편차:2477.52 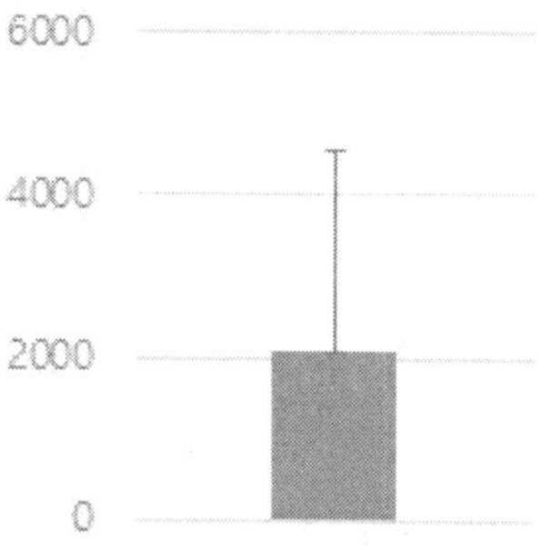

n:15, 평균:2066.67, 표준편차:2477.52</td></tr>
<tr><td>Q.6-②</td><td>*** 기술 개발</td><td>788.46</td><td>559.07</td><td>892.86</td><td>615.77</td></tr>
</table>

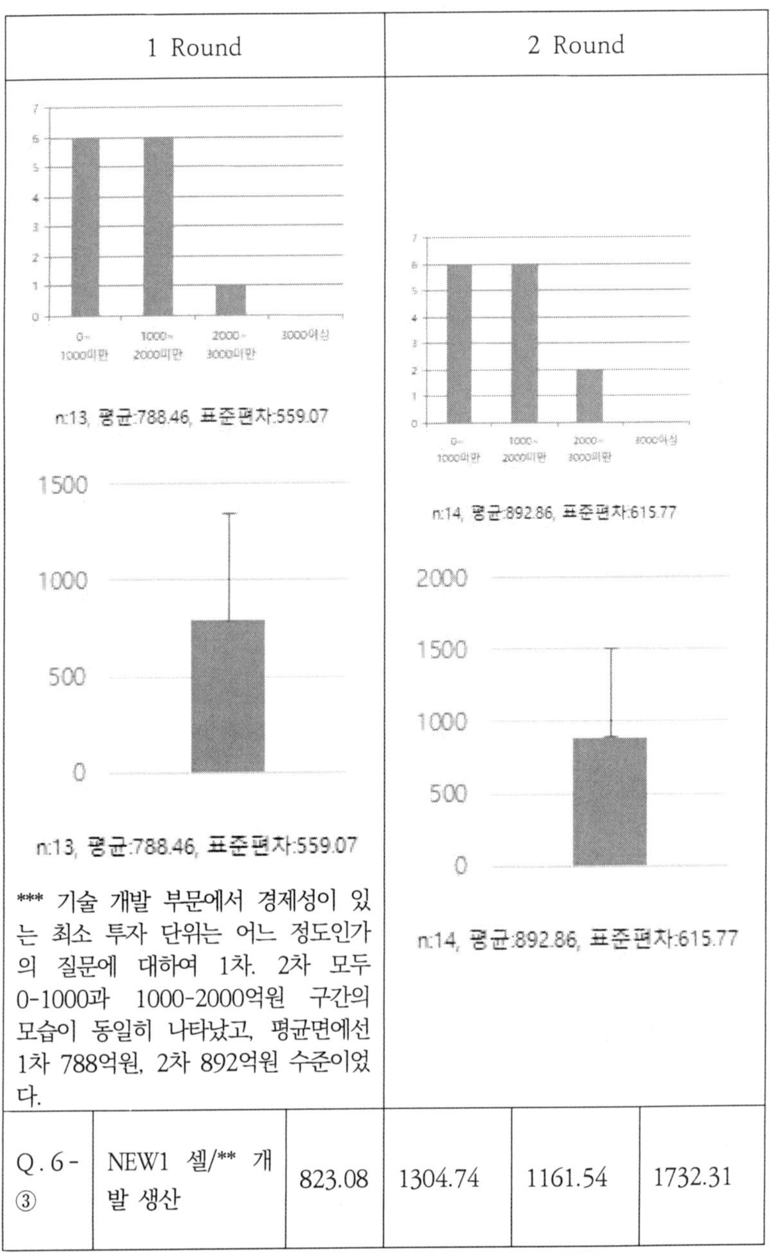

1 Round	2 Round
n:13, 평균:788.46, 표준편차:559.07	n:14, 평균:892.86, 표준편차:615.77
n:13, 평균:788.46, 표준편차:559.07	n:14, 평균:892.86, 표준편차:615.77
*** 기술 개발 부문에서 경제성이 있는 최소 투자 단위는 어느 정도인가의 질문에 대하여 1차. 2차 모두 0-1000과 1000-2000억원 구간의 모습이 동일히 나타났고, 평균면에선 1차 788억원, 2차 892억원 수준이었다.	

Q.6-③	NEW1 셀/** 개발 생산	823.08	1304.74	1161.54	1732.31

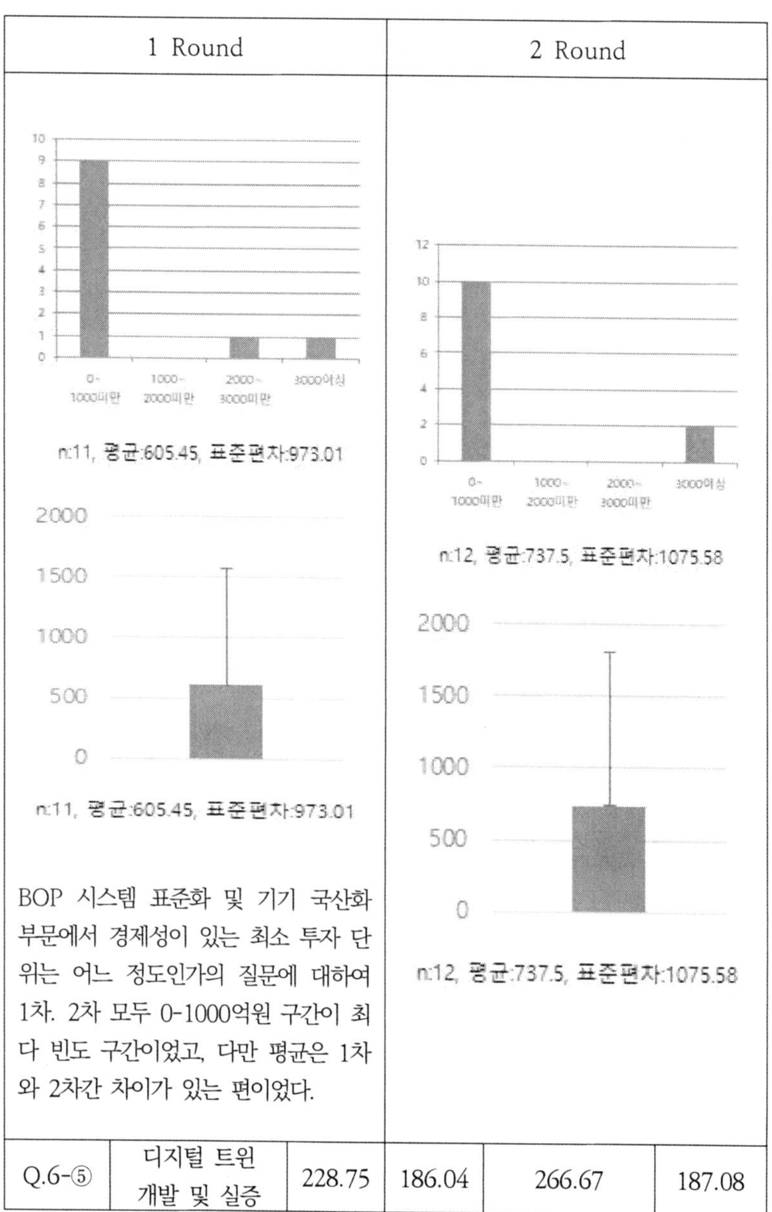

1 Round			2 Round		
n:11, 평균:605.45, 표준편차:973.01 n:11, 평균:605.45, 표준편차:973.01 BOP 시스템 표준화 및 기기 국산화 부문에서 경제성이 있는 최소 투자 단위는 어느 정도인가의 질문에 대하여 1차. 2차 모두 0-1000억원 구간이 최다 빈도 구간이었고, 다만 평균은 1차와 2차간 차이가 있는 편이었다.			n:12, 평균:737.5, 표준편차:1075.58 n:12, 평균:737.5, 표준편차:1075.58		
Q.6-⑤	디지털 트윈 개발 및 실증	228.75	186.04	266.67	187.08

<table>
<tr><th colspan="3">1 Round</th><th colspan="3">2 Round</th></tr>
<tr><td colspan="3"> 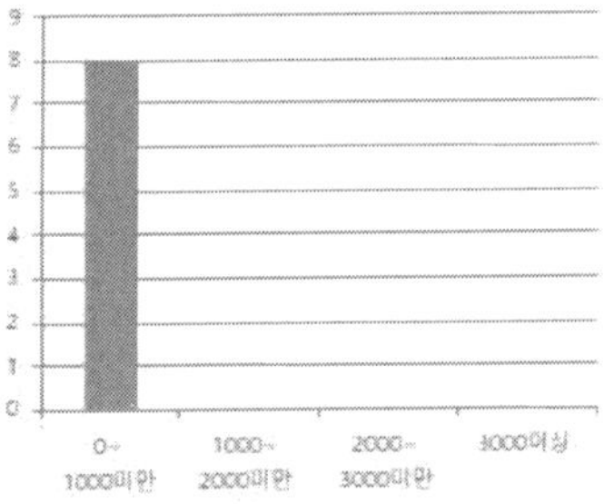n:8, 평균:228.75, 표준편차:186.04 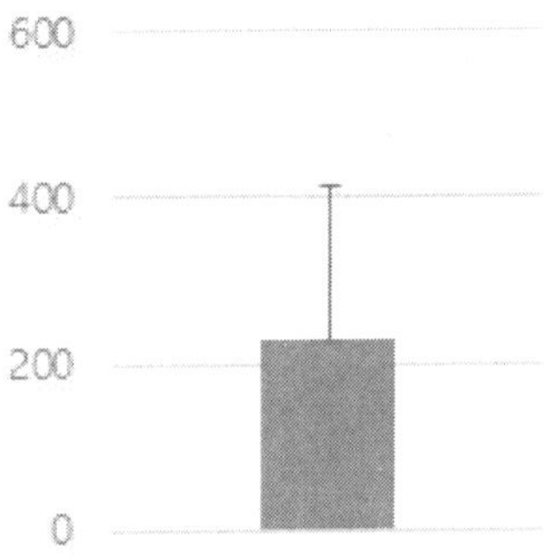

n:8, 평균:228.75, 표준편차:186.04

디지털 트윈 개발 및 실증부문에서 경제성이 있는 최소 투자 단위는 어느 정도인가의 질문에 대하여 1차. 2차 모두 0-1000억원 구간이 최다 빈도 구간이었다.</td><td colspan="3"> 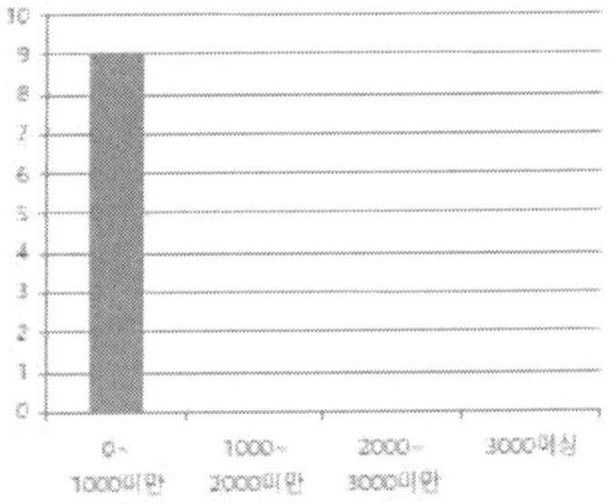n:9, 평균:266.67, 표준편차:187.08 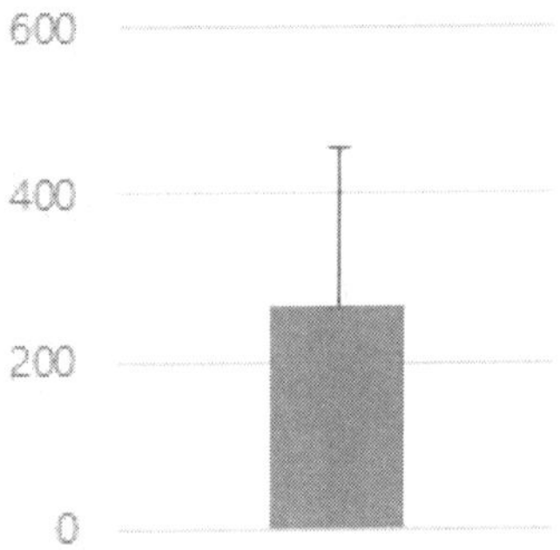

n:9, 평균:266.67, 표준편차:187.08</td></tr>
<tr><td>Q.6-⑥</td><td>고온가스로 이용 신에너지생산기술 개발</td><td>3700</td><td>3152.49</td><td>3492.31</td><td>3104.42</td></tr>
</table>

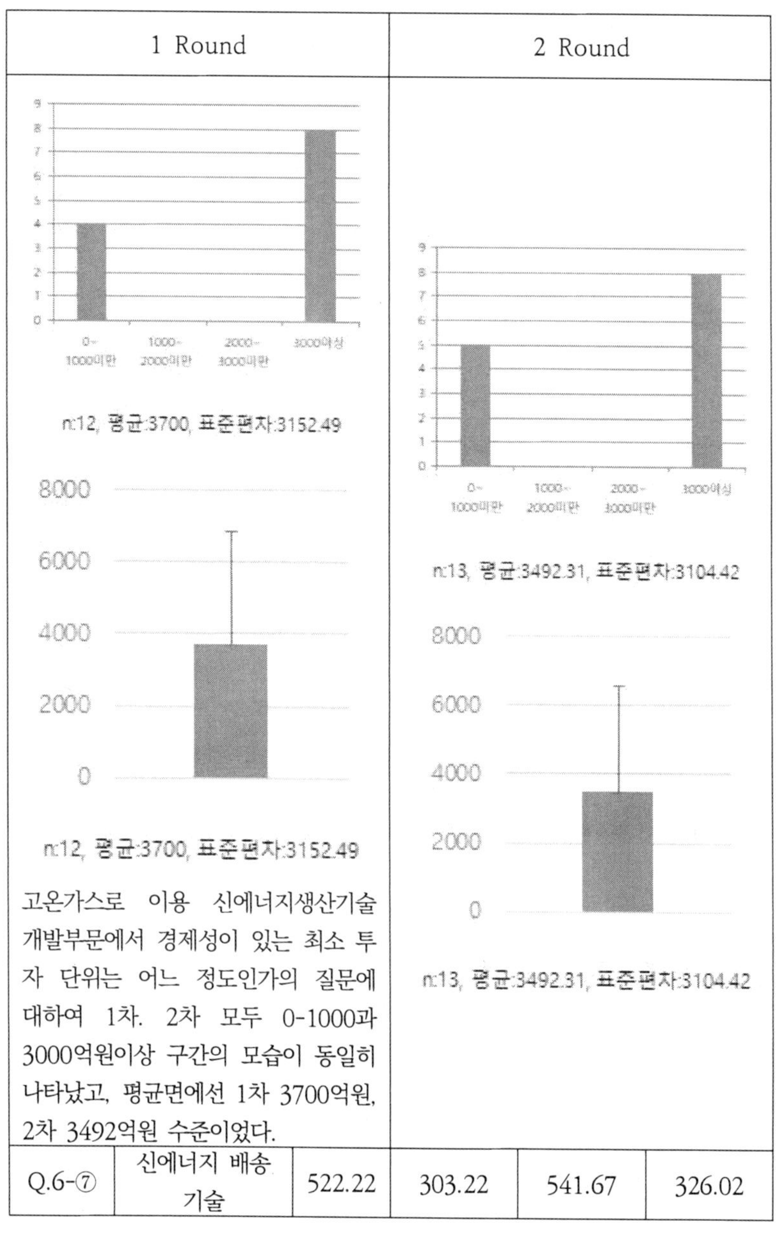

1 Round	2 Round
n:12, 평균:3700, 표준편차:3152.49 n:12, 평균:3700, 표준편차:3152.49 고온가스로 이용 신에너지생산기술 개발부문에서 경제성이 있는 최소 투자 단위는 어느 정도인가의 질문에 대하여 1차. 2차 모두 0-1000과 3000억원이상 구간의 모습이 동일히 나타났고, 평균면에선 1차 3700억원, 2차 3492억원 수준이었다.	n:13, 평균:3492.31, 표준편차:3104.42 n:13, 평균:3492.31, 표준편차:3104.42

Q.6-⑦	신에너지 배송 기술	522.22	303.22	541.67	326.02

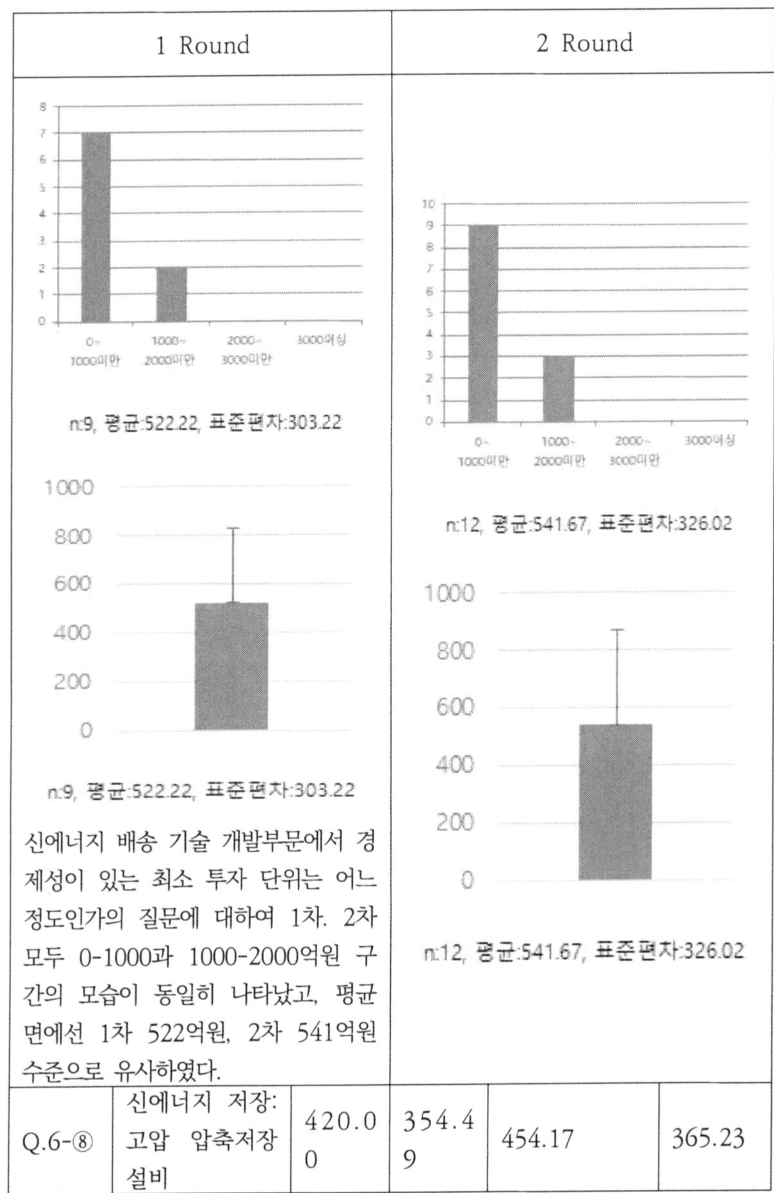

<table>
<tr><th colspan="3">1 Round</th><th colspan="3">2 Round</th></tr>
<tr><td colspan="3">n:9, 평균:522.22, 표준편차:303.22
n:9, 평균:522.22, 표준편차:303.22
신에너지 배송 기술 개발부문에서 경제성이 있는 최소 투자 단위는 어느 정도인가의 질문에 대하여 1차. 2차 모두 0-1000과 1000-2000억원 구간의 모습이 동일히 나타났고, 평균면에선 1차 522억원, 2차 541억원 수준으로 유사하였다.</td><td colspan="3">n:12, 평균:541.67, 표준편차:326.02
n:12, 평균:541.67, 표준편차:326.02</td></tr>
<tr><td>Q.6-⑧</td><td>신에너지 저장: 고압 압축저장 설비</td><td>420.00</td><td>354.49</td><td>454.17</td><td>365.23</td></tr>
</table>

<table>
<tr><th colspan="3">1 Round</th><th colspan="3">2 Round</th></tr>
<tr><td colspan="3"> 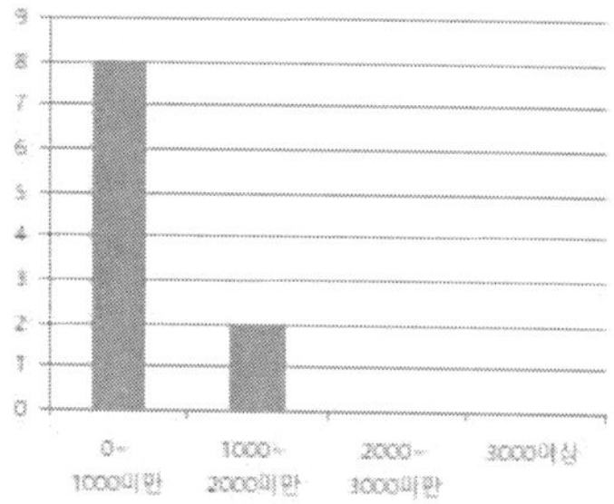0~1000미만, 1000~2000미만, 2000~3000미만, 3000이상
n:10, 평균:420, 표준편차:354.49 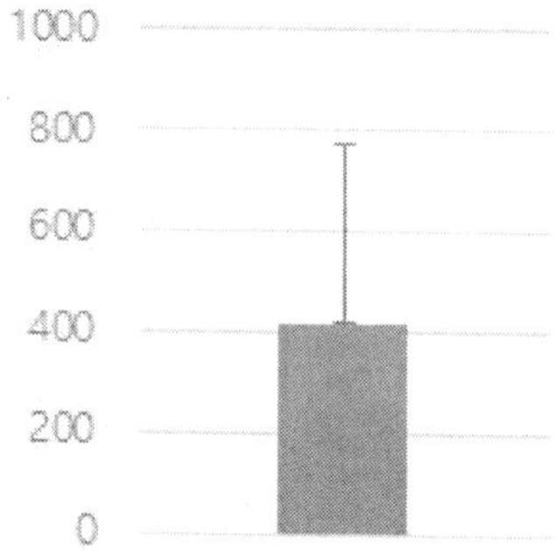
n:10, 평균:420, 표준편차:354.49
신에너지 저장 고압 압축저장설비기술 개발부문에서 경제성이 있는 최소 투자 단위는 어느 정도인가의 질문에 대하여 1차. 2차 모두 0-1000과 1000-2000억원 구간의 모습이 동일히 나타났고, 평균면에선 1차 420억원, 2차 454억원 수준이었다.</td><td colspan="3"> 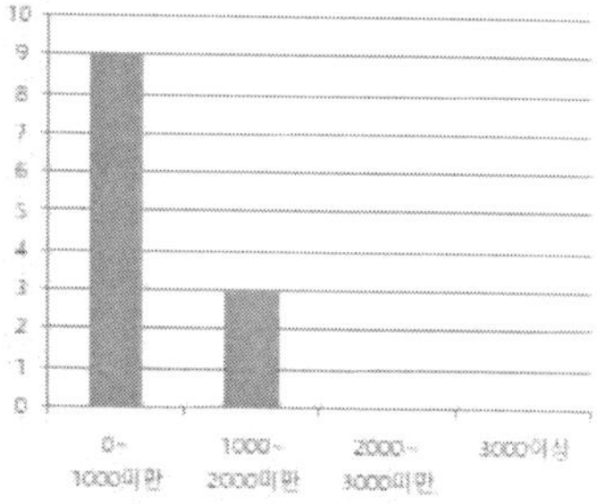0~1000미만, 1000~2000미만, 2000~3000미만, 3000이상
n:12, 평균:454.17, 표준편차:365.23 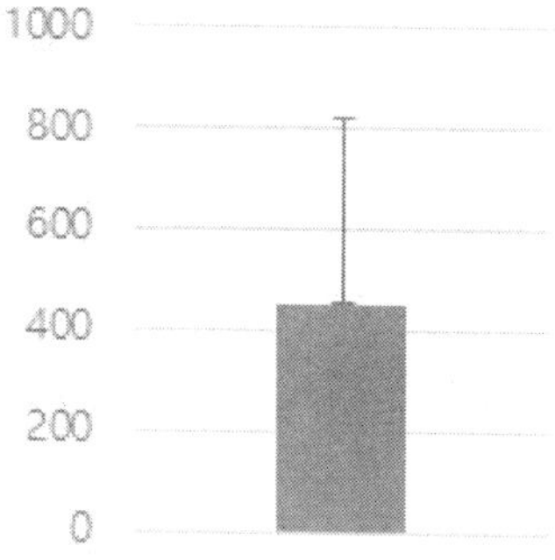
n:12, 평균:454.17, 표준편차:365.23</td></tr>
<tr><td>Q.6-⑨</td><td>튜브트레일러 및 파이프 라인</td><td>716.67</td><td>779.42</td><td>836.36</td><td>782.65</td></tr>
</table>

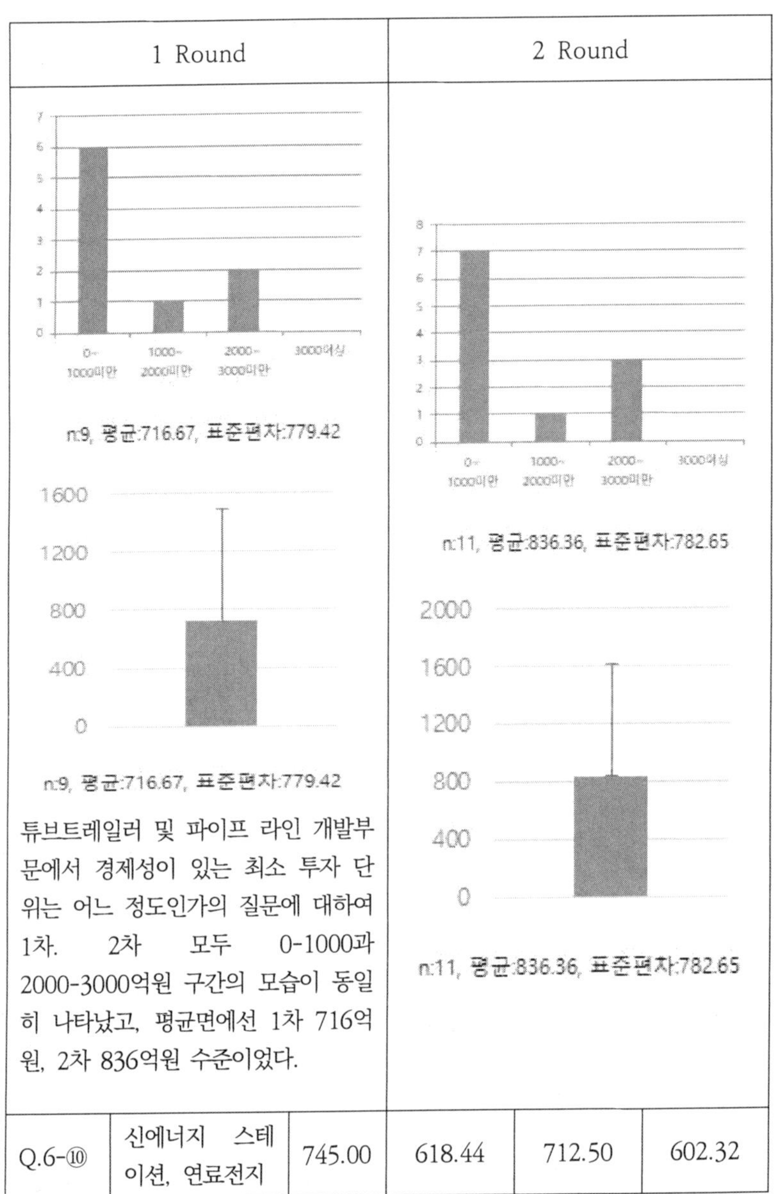

1 Round	2 Round
n:9, 평균:716.67, 표준편차:779.42 n:9, 평균:716.67, 표준편차:779.42 튜브트레일러 및 파이프 라인 개발부문에서 경제성이 있는 최소 투자 단위는 어느 정도인가의 질문에 대하여 1차. 2차 모두 0-1000과 2000-3000억원 구간의 모습이 동일히 나타났고, 평균면에선 1차 716억원, 2차 836억원 수준이었다.	n:11, 평균:836.36, 표준편차:782.65 n:11, 평균:836.36, 표준편차:782.65

Q.6-⑩	신에너지 스테이션, 연료전지	745.00	618.44	712.50	602.32

<table>
<tr><th colspan="3">1 Round</th><th colspan="3">2 Round</th></tr>
<tr><td colspan="3"> 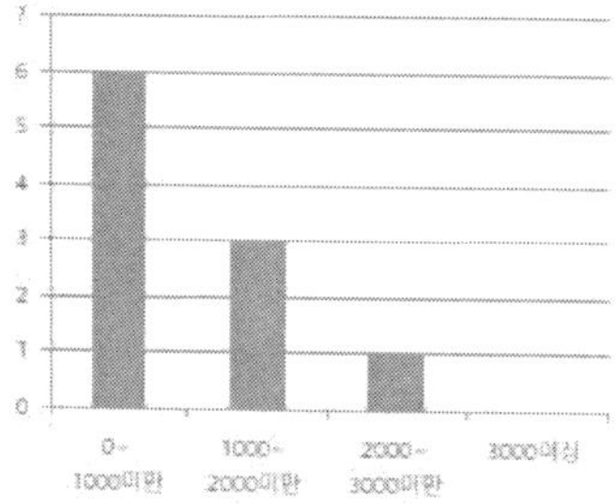n:10, 평균:745, 표준편차:618.44 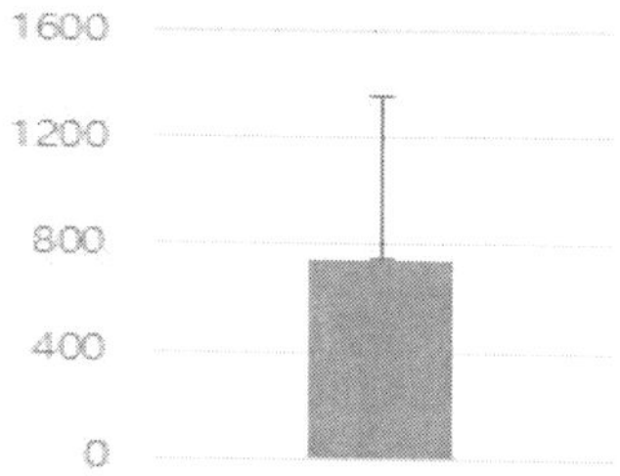

n:10, 평균:745, 표준편차:618.44

신에너지 스테이션, 연료전지 개발부문에서 경제성이 있는 최소 투자 단위는 어느 정도인가의 질문에 대하여 1차. 2차 모두 0-1000과 1000-2000억원 구간의 모습이 동일히 나타났고, 평균면에선 1차 745억원, 2차 712억원 수준으로 유사하였다.</td><td colspan="3"> 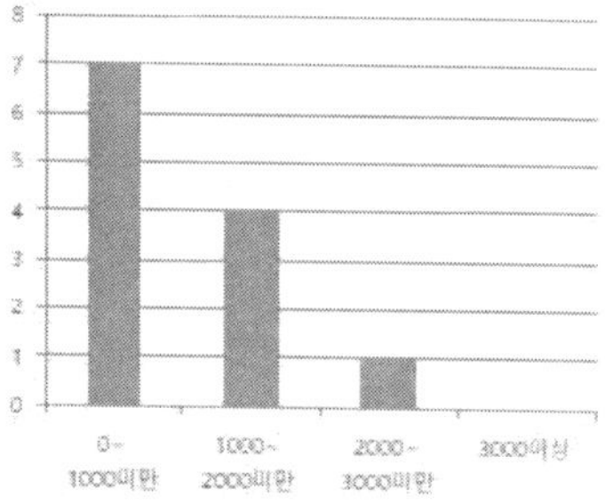n:12, 평균:712.5, 표준편차:602.32 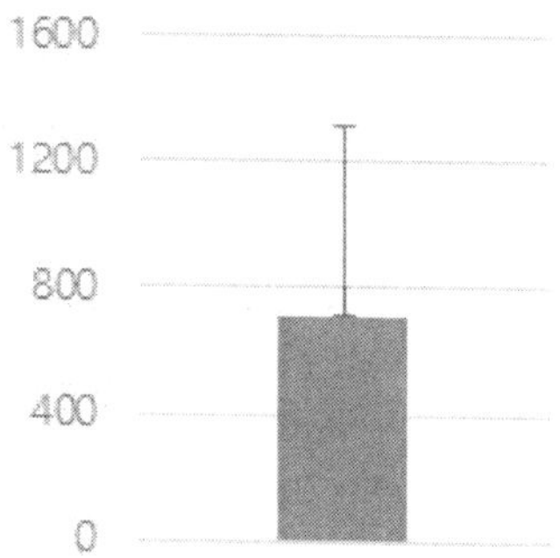

n:12, 평균:712.5, 표준편차:602.32</td></tr>
<tr><td>Q.7</td><td>신에너지 에너지 및 000-신에너지 연계 연구개발 사업을 국가 연구개발 예산으로 추진할 경우, 파생될 수 있는 특허 및 기술의 가치는 연구개발사업(7년) 종료시점 기준으로 어느 정도 발생한다고 예상하는가</td><td>3.65</td><td>1.42</td><td>3.22</td><td>1.11</td></tr>
</table>

1 Round	2 Round
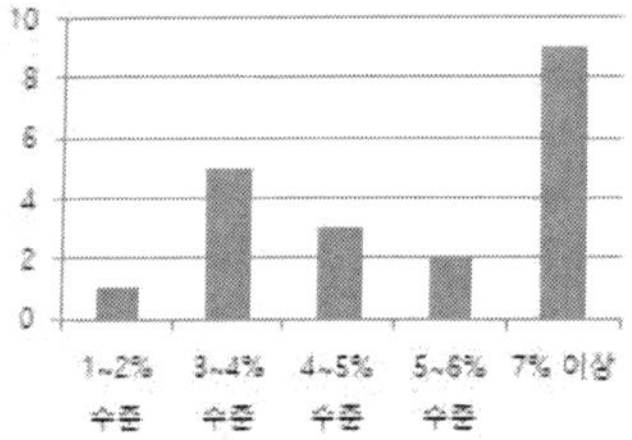 n:20, 평균:3.65, 표준편차:1.42 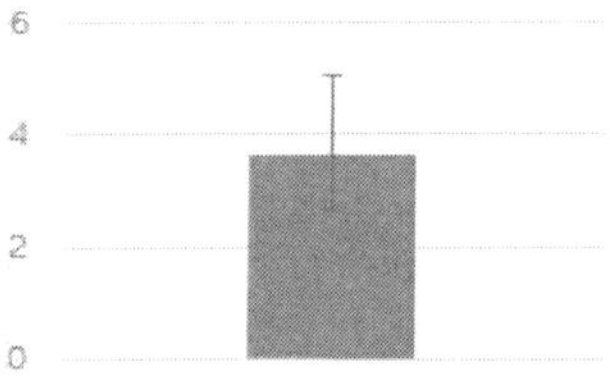 n:20, 평균:3.65, 표준편차:1.42 신에너지 에너지 및 000-신에너지 연계 연구개발 사업을 국가 연구개발 예산으로 추진할 경우, 파생될 수 있는 특허 및 기술의 가치는 연구개발 사업(7년) 종료시점 기준으로 어느 정도 발생한다고 예상하는가에 대해 1차에선 7% 이상이 최빈도였고, 2차에선 3-4%가 최빈도로 하향 평준화 된 의견을 보였다.	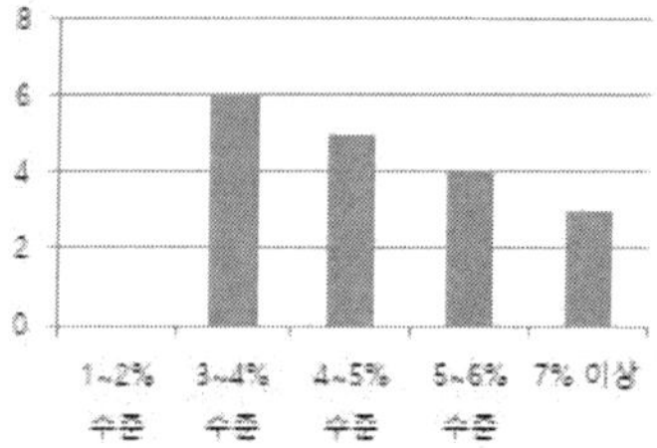 n:18, 평균:3.22, 표준편차:1.11 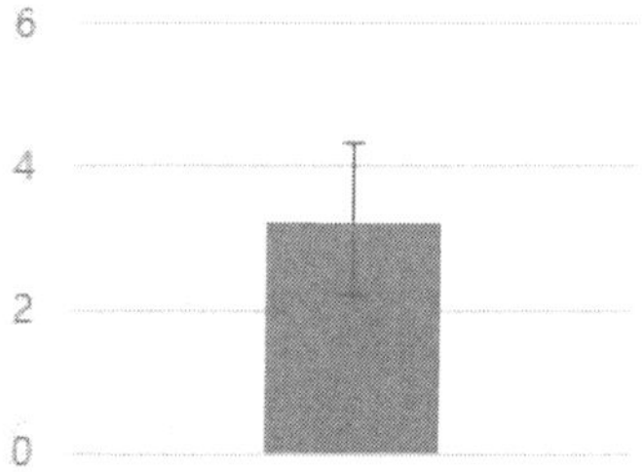 n:18, 평균:3.22, 표준편차:1.11

Q.8	신에너지 생산 단가가 현재 기준보다 30~40% 정도 하락할 시기는 언제쯤 (2022-2050년 사이 중에서)	2036.9	6.62	2036.56	6.46

1 Round	2 Round
8 6 4 2 0 2030 2033 2035 2040 2050 n:20, 평균:2036.9, 표준편차:6.62 2045 2040 2035 2030 n:20, 평균:2036.9, 표준편차:6.62 신에너지 생산 단가가 현재 기준보다 30-40% 정도 하락할 시기에 대하여 1,2차 모두 2036년을 평균으로 도출하였다.	8 6 4 2 0 2025 2030 2033 2035 2040 2050 n:18, 평균:2036.56, 표준편차:6.46 2045 2040 2035 2030 n:18, 평균:2036.56, 표준편차:6.46

Q.9	000-신에너지를 활용한 방안이 가정된 발전 제약분의 어느 정도가지 대체할 수 있다고 보는가 신재생 발전 제약의 () %	71.25	30.96	74.00	13.52

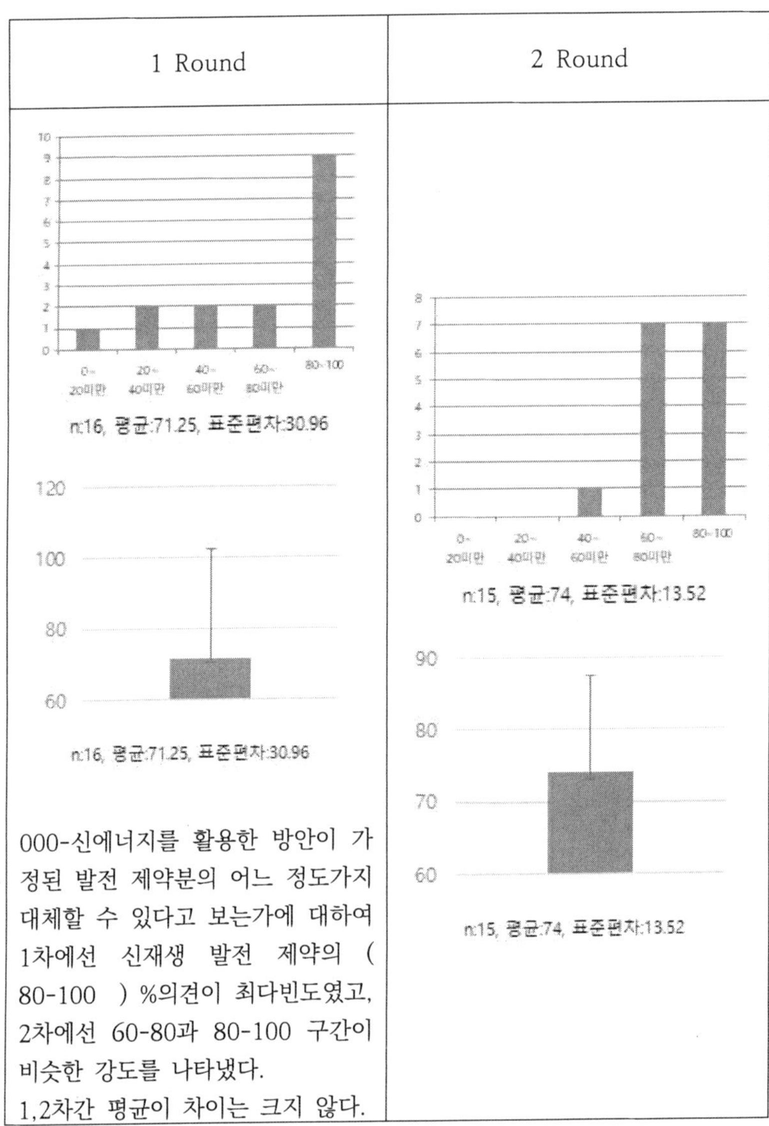

1 Round	2 Round
n:16, 평균:71.25, 표준편차:30.96 n:16, 평균:71.25, 표준편차:30.96 000-신에너지를 활용한 방안이 가정된 발전 제약분의 어느 정도가지 대체할 수 있다고 보는가에 대하여 1차에선 신재생 발전 제약의 (80-100) %의견이 최다빈도였고, 2차에선 60-80과 80-100 구간이 비슷한 강도를 나타냈다. 1,2차간 평균이 차이는 크지 않다.	n:15, 평균:74, 표준편차:13.52 n:15, 평균:74, 표준편차:13.52

제5장 결론 및 정책적 시사점

1. 요약 및 결론

이 책에서는 신 산업의 특성 상 지식 집약형 산업의 예로서 기상 기후 재난 대비 유형의 지식형 산업을 염두에 두고 논의를 진행하였다. 이러한 산업들은 지식가 데이터의 가공 수준이 높으며, 자동화된 데이터 수집 이후에도 상당한 수준으로 인간에 의한 데이터 분석과 해석이 요청되며, 미래 대비의 특성을 지녀, 적중률이란 관점에선 완벽하기 어려운 특성을 지닌다. 즉 확률론적인 산출물을 생산하는 산업이다.

이러한 산업은 고도화된 제조업, 서비스업의 영역들이 다음 단계로 진행하는데에 리스크 요인들을 경감해 주는 보조적인 역할에서 출발했으나, 이제는 본격적으로 자신들의 영역을 찾아 갈 모멘텀이 마련되는 시기를 맞고 있다.

또한 이 산업군의 향배는 미래 예측력에 의해 영향을 받게 되는데, 이마저 21세기에 이르러서도 과학적 분석을 마친 데이터를 구비한 상태에서도 다시 주관적 확률을 기반으로 한 예측을 해야 하는 부문이기도 하다. 이러한 수요를 고려하여 본서에서는 델파이 분석의 의미와 가능한 용례들을 제시해 보았다.

2. 정책적 시사점

본 서에서 제시된 기상 기후 재난 산업에 대한 논의는 논자들에 의해 다루어져 왔고, 이 책은 산업화를 위한 시론의 장을 여는 데에 그 의미를 두고 있다. 따라서, 추후에도 더욱 증편 보강된 논의들이 진행되면서 신 산업화에 대한 논점들이 전개될 것으로 판단된다. 아울러 델파이 분석의 정확한 활용 예들도 증대되기를 기대해 본다.

〈참고문헌〉

1. 국내문헌

강부식, “한국형 자연 재난 피해 추정 시스템의 필요성 및 구축방향”, 물과 미래 Vol. 45, no. 12. 2012년 12월

류지성 정책학 대영문화사 2014

소방방재청,(2012-2021). 재해 연보 각년도 소방방제청, 중앙재난안전대책본부

이승수, 조흥동 (2007) “풍수해 피해 예측 평가도구의 소개”, 한국지반 환경공학회지, 7,3. 한국지반환경공학회

이영찬, 정민용(2002), 「연구개발 평가를 위한 ANP(analytic network process) 모형」, 『대한산업공학회/한국경영학회 2002 춘계공동학술대회』

이은주(2003), 「분석적 위계과정(AHP) 기법을 활용한 체험환경교육 프로그램 평가」, 서울대학교 환경대학원 석사학위 논문

이종성 델파이 방법 교육과학사 연구 방법 21 2001

이종열, 박광국, 주효진(2000), 「정보화근로사업의 성과평가 : BD기법과 AHP기법의 통합」, 『정책분석평가학회보』10-1, 한국정책분석평가학회

이창효(2000), 『집단의사결정론』, 서울 : 세종출판사

이태희, 김홍재(1997), 「AHP와 ANP의 결합을 통한 합리적 예측모델구축」, 『학술대회 논문집』2, 한국경영과학회

임호순, 유석천, 김연성(1999), 「연구개발사업의 평가 및 선정을 위한 DEA/AHP 통합모형에 관한 연구」, 『한국경영과학회지』, 24-4, 한국경영과학회

정정길, 최종원, 이시원, 정준금(2003), 『정책학원론』, 서울 : 대명출판사

천세영(2002), 「DEA 기법을 활용한 학교재정효율성 평가모델 연구」, 『교육행정학연구』20-1, 한국교육행정학회
최승완 외 3인, "다차원 홍수피해 산정법", 한국수자원학회 논문집 제 39권 1호 2006년 1월
한국환경정책 평가연구원, 우리 나라 기후변화의 경제학적 분석, 2012

2. 국외문헌

Alonso, William. 1964. The Historic and the Structural Theories of Urban Form: Their Implications for Urban Renewal. Land Economics. 46(2): 227-231
Bailey, Adrian J. 2001. Turning Transnational: Notes on the Theorisation of International Migration. *International Journal of Population Geography*. 7(6): 413-428.
Bartholomew LK, Parcel GS, Kok G, Gottlieb NH, Fernandez ME.2011. Planning health promotion programs: an Intervention Mapping approach. 3rd edition. San Francisco (CA): Jossey-Bass; 2011.
Borjas, George J. 1989. Economic Theory and International Migration. International Migration Review. 23(3): 457-486
Burgess, Ernest W. 1925 The Growth of the city : An Introduction to a Research Project. In Park, Robert E. and Ernest W. Burgess(eds.). The City. Chicago: The University of Chicago Press.
Castels, Stephen, and Godula Kosack. 1972. The Function

of Labour Immigration in Western European Capitalism. New Left Review. 73(3): 3-21.

Castles, Stephen, and Mark J. Miller. 1993. The Age of Migration: International Population Movements in the Modern World. New York: Guilford Press.

Chriqui JF, O'Connor JC, Chaloupka FJ.2011. 'What gets measured, gets changed: evaluating law and policy for maximum impact'. J Law Med Ethics 2011;39 (Suppl 1)21-6.

Downs, Anthony. 1981. Neighborhoods and Urban Development. The Brookings Institution: Washington, D.C.

Fulbright-Anderson, Karen, Anne C. Kubisch, and James P. Connell, eds. 1998. New Approaches to Evaluating Community Initiatives. vol. 2. Theory, Measurement, and Analysis. Washington, D.C.: The Aspen Institute.

GAO. 1998a. Grant Programs: Design Features Shape Flexibility, Accountability, and Performance Information, GAO/GGD-98-137. Washington, D.C. June 22.

GAO. 1998b. Managing for Results: Measuring Program Results That Are Under Limited Federal Control, GAO/GGD-99-16. Washington, D.C. Dec. 11.

GAO. 2003. Program Evaluation: An Evaluation Culture and Collaborative Partnerships Help Build Agency Capacity, GAO-03-454. Washington, D.C. May 2.

GAO. 2009. Program Evaluation: A Variety of Rigorous Methods Can Help Identify Effective Interventions, GAO-10-30. Washington, D.C. Nov. 23.

GAO. 2002. Program Evaluation: Strategies for Assessing How

Information Dissemination Contributes to Agency Goals, GAO-02-923. Washington, D.C. Sept. 30.

Glanz K, Bishop DB.2010. 'The role of behavioral science theory in the development and implementation of public health interventions'. Annu Rev Public Health 2010;31:399-418.

Ginsburg, Alan, and Nancy Rhett. 2003. "Building a Better Body of Evidence: New Opportunities to Strengthen Evaluation Utilization." American Journal of Evaluation 24: 489–98.

Glanz K, Rimer BK, Viswanath K. 2008.Health behavior and health education: theory, research, and practice. 4th edition. San Francisco (CA): Jossey-Bass.

Glanz K, Rimer BK. 2005.Theory at a glance: a guide for health promotion practice. National Cancer Institute, National Institutes of Health; 2005. (NIH publication 05-3896).

Green LW, Kreuter MW.2004. Health promotion planning: an educational and ecological approach. 4th edition. New York (NY): McGraw-Hill; 2004.

Kurtilla, M. et al.(2000), 「utilizing the analytic hierarchy process in SWOT analysis - a hybrid method and its application to a forest-certification case」, 『forest policy and economics』1

Luca Sforzini et. al. "A Delphi-method-based consensus guideline for definition of treatment-resistant depression for clinical trials", Molecular Psychiatry volume 27, pp.1286-1299 (2022)

Ming-Lang Tseng et.al., "Validating green building social

sustainability indicators in China using the fuzzy delphi method", Journal of Industrial and Production Engineering Volume 40, 2023 - Issue 1

Muataz Hazza Al Hazza, Alaa Abdelwahed, Mohammad Yeakub Ali, Atiah Bt. Abdullah Sidek "An Integrated Approach for Supplier Evaluation and Selection using the Delphi Method and Analytic Hierarchy Process (AHP): A New Framework", International Journal of Technology (IJTech) Vol 13, No 1 (2022)

Nabin Chowdhury et.al., "Modeling effective cybersecurity training frameworks: A delphi method-based study", Computers & Security Volume 113, February 2022.

Sudhir Kumar, Pathaka1Vikram, SharmaaSandesh S.Chougulea, Varun Goelb ,"Prioritization of barriers to the development of renewable energy technologies in India using integrated Modified Delphi and AHP method", Sustainable Energy Technologies and Assessments Volume 50, March 2022.

Sikandar Ali et. al. (2022). "Evaluation of drivers and barriers of wind power generation in Pakistan : SWOT-Delphi method". International Journal of Energy Economics and Policy 12 (2)342-348

https://econjournals.com/index.php/ijeep/article/download/12768/6690/30028

신 산업화를 위한 지평선

초판 발행 2023년 2월 20일

지은이 김준모

펴낸이 김복환

펴낸곳 도서출판 지식나무

등록번호 제301-2014-078호

주소 서울시 중구 수표로12길 24

전화 02-2264-2305(010-6732-6006)

팩스 02-2267-2833

이메일 booksesang@hanmail.net

ISBN 979-11-87170-50-1

값 15,000원